Michael Blume

Islam in der Krise

Michael Blume

Islam in der Krise

Eine Weltreligion zwischen Radikalisierung und stillem Rückzug

Patmos Verlag

VERLAGSGRUPPE PATMOS

PATMOS
ESCHBACH
GRÜNEWALD
THORBECKE
SCHWABEN

Die Verlagsgruppe
mit Sinn für das Leben

Für die Verlagsgruppe Patmos ist Nachhaltigkeit ein wichtiger Maßstab ihres Handelns. Wir achten daher auf den Einsatz umweltschonender Ressourcen und Materialien.

3. Auflage 2017
Alle Rechte vorbehalten
© 2017 Patmos Verlag,
ein Unternehmen der Verlagsgruppe Patmos
in der Schwabenverlag AG, Ostfildern
www.patmos.de

Umschlaggestaltung: Finken & Bumiller
Satz: post scriptum, www.post-scriptum.biz
Druck: CPI books GmbH, Leck
Hergestellt in Deutschland
ISBN 978-3-8436-0956-2 (Print)
ISBN 978-3-8436-0957-9 (eBook)

Inhalt

6

Stirbt der Islam?
Einführung

»Schützt den Islam vor den Fanatikern,
sonst müsst ihr die Welt
vor dem Islam schützen.«
Türkisches Sprichwort, das Mevlana
Rumi (1207–1273) zugeschrieben wird

Im Februar 2015 trug eine Gruppe junger Menschen, Muslime und Nichtmuslime, einen in schwarzes Tuch gehüllten Sarg zum Düsseldorfer Rathaus. Auf dem Sarg stand geschrieben: »Der Islam wurde ermordet.« In einem symbolischen Gerichtsverfahren klagte sie »die Politik« an, die etwa durch »Waffenlieferungen an Saudi-Arabien« zu Unrecht und Gewalt im Namen des Islams beitrage. Angeklagt waren auch »die Medien«, deren Berichterstattung bevorzugt Extremisten und Terroristen behandle und diese dadurch bestärke. Als dritter Angeklagter diente »der Salafismus«, der im Namen des Islams Intoleranz und Mord stifte.[1] Das durchaus verstörende Video ihrer künstlerischen Demonstration stellten die Aktivisten unter dem Titel »DER ISLAM IST TOT« (in Großbuchstaben) auf YouTube.[2]

In einem islamisch geprägten Staat hätte eine solche Provokation den Aktionskünstlern sicher Ärger, vielleicht sogar harte Strafen eingetragen. Doch die Freiheiten unserer demokratischen Rechtsordnung erlaubten es auch ihnen, nicht nur das Islamverständnis von Mit-Muslimen herauszufordern, sondern auch das Islambild der Öffentlichkeit. Denn tatsächlich glauben ja viele Europäer, auch Menschen aus muslimischen Familien, der Islam sei eine bedrohlich starke und aggressiv wachsende Religion, Deutschland drohe eine »Islamisierung« und Europa werde zu »Eurabien«.[3]

Doch die gelebte Realität liegt tatsächlich näher bei der drasti-
schen Darstellung der Künstler, wie dieses Buch zeigen wird:
Immer mehr Musliminnen und Muslime auf der ganzen Welt
reduzieren in einem »stillen Rückzug« ihr religiöses Engagement,
so dass nicht einmal mehr klar ist, wie viele Muslime es tatsächlich überhaupt noch gibt (Kapitel 1). Die islamische Welt, die so
lange blühte und auch militärisch expandierte, hat ihre einstige
Führungsrolle durch eine verhängnisvolle Fehlentscheidung verloren: Das Verbot des Buchdrucks von 1485 leitete die Erstarrung
und die bis heute reichende Bildungskrise der islamischen Zivilisation ein (Kapitel 2). Faktisch werden zahlreiche gerade auch arabisch-islamische Staaten nur noch am Leben erhalten durch den
Ölverkauf, der zu unguten Allianzen und Einmischungen seitens
westlicher Mächte führt und zugleich gesellschaftliche und demokratische Entwicklungen in der Region erstickt (Kapitel 3). Mangels einer schlüssigen Erklärung für den Niedergang übernehmen
zahlreiche Muslime Verschwörungsmythen aus dem Westen; sie
befördern damit weitere Akte sinnloser, kriegerischer und ter-
roristischer Gewalt (Kapitel 4). Und während gerade auch jüngere Muslime in großer Zahl in christlich geprägte Demokratien
fliehen, brechen aufgrund erstarrter Sexual- und Familienregeln
zugleich die Geburtenraten in den meisten islamisch geprägten
Gesellschaften rapide ein (Kapitel 5). Nein, der Islam ist noch nicht
tot, doch er gleicht einem Schwerkranken, der vor Verzweiflung
und Schmerz um sich schlägt. Und erst, wenn wir – Nichtmuslime und Muslime gleichermaßen – dies realistisch wahrnehmen
und verstehen, besteht die Chance auf eine bessere, gemeinsame
Zukunft (Kapitel 6).

Ich fürchte also, sehr viele Leserinnen und Leser werden dieses
Buch auch als Zumutung empfinden, da es bequeme Wahrheiten
und etablierte Vorurteile auf allen Seiten zu hinterfragen wagt. Andererseits bietet es Erklärungen für viele bislang verstreut disku-

tierte Phänomene und eröffnet Wege, etwas für die gemeinsame Zukunft zu tun.

Dieses Buch schreibe ich als Religionswissenschaftler – was eine grundlegend andere Disziplin ist als die Theologie. Religionswissenschaftler dürfen persönlich religiös sein, müssen dies aber nicht; viele von uns – darunter mein Doktorvater Günter Kehrer – sind sogar erklärte Religionskritiker. Wir erforschen die Religion wie andere die Sprache oder die Musik, also vergleichend und empirisch auf Basis wissenschaftlicher Beobachtungen der verschiedensten Disziplinen. Wir unterliegen keiner Bindung durch religiöse Institutionen.

In der Doktorarbeit und in meiner Forschungslaufbahn habe ich mich auf die Hirn- und dann Evolutionsforschung zu Religiosität und Religionen konzentriert: Wie entwickelten sich die menschlichen Fähigkeiten zum Glauben an höhere Wesen und wie wirkten und wirken sie sich auf das Leben der Menschen aus? Entsprechend den schnell wachsenden Befunden dieser blühenden Forschungsrichtung gehe ich davon aus, dass Religion für das Höchste und das Niederste im Menschen gebraucht werden kann – wie andere menschliche Fähigkeiten auch. Wir können beispielsweise mithilfe der Sprache(n) Botschaften der Liebe verfassen und Wissen so formulieren und weitergeben, dass es uns schließlich auf den Mond brachte. Mithilfe der gleichen Sprache(n) können wir aber auch Hass und Hetze säen und einander in weltweite Kriege mit Millionen von Toten führen. Mit Mathematik können wir Brücken und Computer konstruieren, aber auch ABC-Waffen, die uns auslöschen können. Mittels Musik können wir uns erheben und vereinen, aber auch zu willigen Kunden oder zu gewalttätigem Mob manipulieren lassen. Und mithilfe der Religion(en) vermögen wir lebensförderliche Institutionen zur Unterstützung von Familien oder auch Bildungseinrichtungen aller Art zu errichten, aber ebenso Gruppenhass, Intoleranz und mörderische Gewalt hervorzurufen.

Ob Sie also ein frommer Muslim sind, der die Krise seiner Religion schonungslos nachvollziehen und nach Auswegen suchen will; eine Zweifelnde, die mit ihren Fragen zum Zustand des Islams nicht länger alleinbleiben mag; eine demokratische Politikerin, die sich um den Zusammenhalt vielfältiger Gesellschaften sorgt; ein Journalist, der nicht nur die üblichen Klischees bedienen will; eine aktive Christin, die im Dialog mit Muslimen steht; eine interdisziplinär interessierte Wissenschaftlerin oder auch einfach ein Leser, der einmal hinter die gängigen Schlagzeilen, Titelbilder und Klischees rund um den Islam sehen will – dieses Buch ist für Sie.

Ich kann sagen, dass ich die »Krise des Islams« nicht nur in Tausenden Begegnungen und Gesprächen in Europa, sondern auch im Nahen, Mittleren und Fernen Osten, besonders in den umkämpften Kurdengebieten der Türkei und des Irak, aber auch in Israel und in den Palästinensergebieten beobachtet und erlebt habe. Dieses Buch ist *auch,* aber eben nicht *nur* an Akademien, Datentabellen und Schreibtischen entstanden, sondern es trägt auch die Beobachtungen verschiedenster Muslime und Ex-Muslime, das Fauchen tödlicher Kampfflugzeuge, die Schwere voll beladener Öltransporter und den Geruch zerbombter Städte mit sich. Für Millionen von Menschen – Muslime wie auch Nichtmuslime – ist die Krise des Islams keine abstrakte wissenschaftliche Theorie, sondern bittere und manchmal tödliche Realität.

Und wenn dafür vernünftige Erklärungen fehlen, liegen verzweifelter Rückzug oder die Zuflucht zu einem Verschwörungsglauben nahe. Dagegen braucht es sehr viel Mut und Kraft, den verborgenen Gründen ins Auge zu sehen. Doch ich wage es zu hoffen, dass ausreichend viele Menschen diese Kraft suchen und finden werden, damit unsere gemeinsame Zukunft besser werden kann.

Stellvertretend für viele Menschen, mit denen ich mich über Themen dieses Buches austauschen konnte, danke ich Saman Sorani, Cemile Giousof, Hubert Wicker, Klaus-Peter Murawski, Gökay

Sofuoğlu, Hakan Turan, Bischkusch Tahir, Heiko Feurer, Ruhan Karakul, Karin Scheiffele, Honey Deihimi, Faruk Ceran, Mario Kaifel, Hes und Hiser Sedik, Arik Platzek, Lisa Stengel, Düzen Tekkal, Merve Gül, Taner Aktaş, Irene Mundel, Emina Čorbo Mešić, Erdal Toprakyaran, Mouhanad Khorchide, Milad Karimi, Aaron Kunze, Adoula Dado, Shneur Trebnik, Abdelmalek Hibaoui, Barbara Traub, Jan-Ilhan Kizilhan, Mirza Dinnayi, Yavuz Kazanç, Hussein Hamdan, Erdinc Altuntaş, Simone Helmschrott, Nadia Murad, Amal Clooney, Ayse Özbabacan, Detlef Fetchenhauer, Seda und Inan Ince, Karl-Hermann Blickle, Barbara Thoma und Alexander Schmidt. Von ihnen und anderen habe ich viel gelernt; die Schlussfolgerungen gehen natürlich allein auf meine Kappe.

Ein besonderer Dank gilt meiner Frau Zehra und unserer gesamten deutsch-türkischen Familie, die nicht nur Verständnis für meine Forschungs- und Schreibzeiten hatte, sondern sich auch immer wieder aktiv erkundigte und eigene Vorschläge und Beobachtungen beitrug. Mit meinem Schwiegervater Osman Tayanç habe ich oft diskutiert; ihm danke ich auch für das türkische, Mevlana Rumi zugeschriebe Eingangszitat. Meine sehr geliebte Großmutter Elisabeth Horn hat kurz vor der Fertigstellung des Buchmanuskriptes im Kreise ihrer Kinder, Enkel und Urenkel diese Welt verlassen – ihr möchte ich daher dieses Buch in dankbarer Erinnerung widmen.

Schließlich danke ich den Mitarbeiterinnen und Mitarbeitern im Patmos-Verlag. Vielen herzlichen Dank für Ihr Interesse, Ihre Ermutigung und Unterstützung!

Die Krise des Islams ist real und schmerzhaft, sie ist tief – aber wenn wir sie verstehen, ist sie nicht unüberwindbar. Ich bin davon überzeugt: Wir können etwas tun, jeder und jede von uns. Lassen Sie uns mithilfe von Wissenschaft herausfinden, was es ist.

Filderstadt, im Juni 2017   Dr. Michael Blume

1. Wie viele Muslime gibt es eigentlich noch?
Das Phänomen des stillen Rückzugs

Die Forschungsgruppe Weltanschauungen in Deutschland (fowid) führte im Dezember 2016 auf ihrer Homepage einen interessanten kleinen Tanz auf: In einer ersten Darstellung hatte fowid den Anteil der Muslime an der deutschen Bevölkerung in 2015 auf nur 2,8 Prozent geschätzt. Doch nach vielen Nachfragen und einer »offiziellen« Hochrechnung des Bundesamtes für Migration und Flüchtlinge, die von 5,4 bis 5,7 Prozent ausging, korrigierte fowid seine Angaben auf nun 4,4 Prozent.[4]

Zur Ehrenrettung von fowid ist jedoch zu sagen, dass die humanistisch-nichtreligiös orientierten Forscherinnen und Forscher zu erklären versuchten, warum es so schwierig war, die Anzahl »der Muslime« auch nur einigermaßen korrekt anzugeben. Sie schrieben: »Besonders schwierig zu berechnen ist der Anteil der Muslime in der Bevölkerung, da hierzu keine anerkannten statistischen Daten vorliegen. Das zentrale Problem in diesem Zusammenhang besteht darin, dass gläubige Muslime zu einem sehr geringeren Grad, nämlich nur zu etwa 20 Prozent, religiös organisiert sind. Würde man (wie im Falle der Bestimmung der Katholiken und Protestanten) die Mitgliedschaft in einer religiösen Vereinigung zum Bestimmungsmerkmal des Muslimseins machen, so würde man zu dem Ergebnis gelangen, dass nur 20 Prozent der Menschen, die sich als ›Muslime‹ begreifen, in der Religionsstatistik als Muslime zu bezeichnen sind. Dies jedoch wäre eine höchst problematische Schlussfolgerung, da die Mitgliedschaft in einer religiösen Vereinigung für Muslime nicht den gleichen Stellenwert hat wie für Christen. Für die Beantwortung der Frage, ob eine Person im religiösen Sinne Muslim ist oder nicht, gelten völlig andere Kriterien, etwa das Praktizieren des täglichen Pflichtgebets, das zu den ›fünf Säulen des Islam‹ gehört.«[5]

Was sich da so technisch liest, verweist tatsächlich auf einen großen Unterschied zwischen den christlich geprägten europäischen
Religions- und Rechtskulturen und denen außerhalb Europas und
gerade auch im Islam. Und erst wenn man diesen Unterschied versteht, wird klarer, was eigentlich gerade in und zwischen den Religionen dieser Welt vor sich geht!

So bildete das Christentum eine Entscheidungsreligion heraus:
Zur Christin oder zum Christen wird man nicht durch Geburt,
sondern durch die Taufe und die Mitgliedschaft in einer Kirche.
Entsprechend werden in den Statistiken als »Christen« meist die
Mitglieder in christlichen Religionsgemeinschaften gezählt; also
Menschen, die aufgrund elterlichen oder eigenen Entschlusses getauft wurden und weiterhin beitragszahlende Mitglieder ihrer Kirchen sind. Und das bedeutet auch: Jeder religionsmündige Mensch
(in Deutschland ab 14 Jahren) kann auch jederzeit aus seiner oder
ihrer Kirche austreten und damit aufhören, christlich im Sinne der
Statistiken zu sein.

In den meisten anderen Weltreligionen wie eben dem Islam,
aber auch zum Beispiel dem Judentum und Hinduismus, wird die
Mitgliedschaft aber einfach durch Geburt (oder Übertritt) erworben: Als Muslim, Jüdin oder Hindu wird man geboren – es gibt
keine Verpflichtung, irgendeiner Art von religiöser Gemeinschaft
ausdrücklich beizutreten. Einige religiöse Traditionen wie das Ye-
zidentum untersagen (bisher) sogar den Übertritt – als Yezidin
oder Yezide kann man nur geboren werden.

Umgekehrt gibt es aber für Muslime, Juden, Hindus und Yeziden
keine Möglichkeit, einen »Austritt« aus ihrer Religion zu erklären.
Sie könnten dazu allenfalls zu einer anderen Religion übertreten –
das tun aber auch die wenigsten Ex-Christen, die ihre Kirchen verlassen.

Und so kommt es, dass in den meisten deutschsprachigen und
internationalen Statistiken noch immer Äpfel mit Birnen vergli-

chen werden: Auf der einen Seite stehen diejenigen Christen, die getauft wurden und weiterhin beitragszahlend einer Kirche angehören – und auf der anderen Seite alle diejenigen, deren Eltern einer bestimmten Religion angehören.[6]

Stellen wir uns vor: Würden wir alle diejenigen als »Christen« zählen, die von christlichen Vorfahren abstammen und wenigstens hin und wieder auch etwas praktizieren, so würden auf einen Schlag zum Beispiel über 90 Prozent der Sachsen zu »Christen« – denn sie stammen aus christlichen Familien und feiern meistens auch noch irgendwie Weihnachten. Tatsächlich werden aber nur rund 20 Prozent der Sachsen als evangelisch und nur rund drei Prozent als katholisch »gezählt« – weil eben nur noch so wenige von ihnen weiterhin diesen Kirchen angehören.[7]

Würde man beim Islam in Deutschland das gleiche, strenge Kriterium anlegen wie beim Christentum, wären nur noch die etwa 20 Prozent der »Muslime« zu zählen, die tatsächlich einer Religionsgemeinschaft angehören und dafür Beiträge entrichten. Die Zahl der »Muslime« würde auf etwa eine Million Menschen und nicht einmal zwei Prozent der deutschen Bevölkerung zusammenschrumpfen!

Diese »strenge« Zählung wäre dem freiheitlichen Staat eigentlich geboten, denn diesen geht es nichts an, ob und woran Menschen und ihre Vorfahren in ihrem Privatleben glauben – seien dies Gottheiten, Engel, UFOs oder Einhörner.[8] Erst wenn sich Menschen freiwillig Verbänden und Religionsgemeinschaften anschließen, um beispielsweise gemeinsam Gebetsstätten zu errichten, Veranstaltungen auszurichten und Religionsunterricht anzubieten, werden ihre Glaubensüberzeugungen für den Staat relevant.

Und umgekehrt: Auch religiöse und weltanschauliche Verbände haben eigentlich kein Recht, für Menschen zu sprechen, die bei ihnen keine Mitglieder sind. Der Zentralrat der Muslime in Deutschland kann nicht für »die Muslime« sprechen, sondern nur für jene

paar Tausend, die sich den bei ihm versammelten Moscheeverbänden angeschlossen haben. Ebenso vertreten die humanistischen
Verbände auch nicht »die« Konfessionslosen in Deutschland, sondern nur das eine Promille, das sich ihnen angeschlossen hat (etwa
30.000 von 30 Millionen).[9]

Weil aber der Islam keine Entscheidungsreligion wie das Christentum war und ist, hat sich das Verständnis von Mitgliedschaft,
Staat und Religion grundlegend anders entwickelt. Dies hat Auswirkungen auf alle islamisch geprägten Nationen – sogar auf vorgeblich laizistische Republiken wie die Türkei.

So erinnert der deutsch-türkische Journalist Deniz Yücel daran,
dass 1980 das erste in Deutschland im Namen des Islams began-
gene Attentat von einem türkischen Mitglied der Milli-Görüş-
Bewegung verübt wurde und sich gegen den ebenfalls türkischen
Kommunisten Celalettin Kesim (1943–1980) richtete. Damals sei
in der deutschen Öffentlichkeit immerhin noch zwischen rechten
und linken, religiösen und säkularen Türken unterschieden worden. Doch die Nachwirkungen des 11. September 2001 hätten auch
dies verändert. »In der öffentlichen Wahrnehmung werden nun
Ausländer zu Andersgläubigen und Türken zu Muslimen. Das zeigt
sich schon in den gängigen Statistiken, in denen von der ethnischen
Herkunft auf die Religion geschlossen wird, weshalb von weltweit
1,6 Milliarden und deutschlandweit von 4,25 Millionen Muslimen
die Rede ist. Für die Kesims von heute, die Sozialisten, Liberale,
Nationalisten, Anarchisten oder von allem ein bisschen oder etwas ganz anderes sind, aber keine Muslime, auch keine ›säkularen
Muslime‹, ist in dieser Wahrnehmung kein Platz« (Deniz Yücel).[10]

Dementsprechend klagte der Imam der arabischsprachigen Ri-
sala-Moschee in Berlin in seiner Predigt vom 16. August 2016: »Ich
habe hier in dieser Moschee einen Scheich eingestellt und ihm
jeden Monat tausend Euro gezahlt, damit er die Kinder der Muslime unterrichtet. Ich schwöre bei Gott, dass zwei Jahre lang nicht

mehr als zehn Personen bei ihm waren. [...] Wir haben eine Koranschule, in der sieben Frauen lehren, die den Koran auswendig beherrschen, und ich betreue sie selbst. Es gibt nur 25 Schüler. Wo sind die Kinder der Muslime? Wo sind die Kinder der Muslime? Im Schwimmbad findest du jeden Tag 900 muslimische Kinder. Bitte entschuldigt, dass ich meiner Pein so offen Ausdruck verleihe.«[11]

Dazu passt, dass die letzten Auswertungen des »Religionsmonitors« ergaben, dass sich Menschen muslimischer Herkunft deutlich überdurchschnittlich für die Aufnahme und Integration von Geflüchteten engagierten – aber sehr viel häufiger als Christen taten sie dies außerhalb ihrer eigenen Religionsgemeinschaften.[12] Viele »Kinder der Muslime« ziehen längst nicht nur die Schwimmbäder dem Koranunterricht, sondern auch das Engagement in nichtislamischen Institutionen den Moscheegemeinden vor. Wer gibt uns eigentlich das Recht, diese tausendfachen Abstimmungen mit den Füßen zu ignorieren?

1.1 Mitgliedschaft und Religionsfreiheit in der islamischen Welt

Als der Prophet Muhammad (570–632) die heutige Weltreligion Islam gründete, verstand sich diese als Wiederherstellung einer ursprünglichen, göttlichen Offenbarung. Während der ersten Entfaltungszeit als diskriminierte und oft verfolgte Minderheit in Mekka lag dabei durchaus die Möglichkeit einer Entscheidungsreligion analog zum Christentum nahe: Muhammad selbst war als freiwilliger *Hanif* – als nach dem Gott Abrahams Suchender – aufgebrochen und auch seine ersten Mitglaubenden entschieden sich jeweils freiwillig und oft gegen ihre Familien für den islamischen Glauben. Doch in Medina wurde die Gemeinschaft der Muslime, die *Umma,* auch zur Grundlage eines Staatswesens, in dem jeder nichtmuslimische Schutzbefohlene *(dhimmi)* mindere Rechte hatte. Nach dem Tod des Propheten wurde die Abkehr vom Islam nicht mehr als religiöse Entscheidung, sondern als politischer Verrat *(ridda)* bewertet. Entsprechend Abgefallene wurden – und werden! – als *Murtad* bezeichnet und, sofern man ihrer habhaft wurde, mit dem Tode bestraft. Wirkliche Religionsfreiheit konnte damit nur noch für Nichtmuslime bestehen; wer einmal in den Islam hineingeboren oder eingetreten war, riskierte durch einen Glaubensverlust oder -wechsel sein Leben.

Spätere islamische Theologen ergänzten diese Lehre durch die Annahme, dass eigentlich jedes Kind mit dem Keim des wahren Glaubens *(fitra)* zur Welt komme. Dem Propheten Muhammad wurde dabei die Aussage zugeschrieben: »Jeder wird im Zustand der *Fitra* geboren. Alsdann machen seine Eltern aus ihm einen Juden, Christen oder Zoroastrier.«[13]

Entsprechend gab – und gibt! – es immer wieder Bestrebungen, auch die Kinder von Nichtmuslimen ihren Familien zu entreißen und zu »wahren« Muslimen zu erziehen. Im Osmanischen Reich wurden in der sogenannten »Knabenlese« *(devsirme)* gezielt Jungen aus nichtmuslimischen, vor allem christlichen Familien zwangsrekrutiert, zum Islam zwangsbekehrt und zu Janitscharen, Elitesoldaten, ausgebildet, auch gegen den verzweifelten Widerstand der Eltern, die manchmal sogar getötet wurden.[14] Und im Irak hatte ich mit Kindern aus yezidischen Familien zu tun, die vom selbsternannten »Islamischen Staat« zwangsbekehrt und zu Kindersoldaten, sogar zu Selbstmordattentätern ausgebildet worden waren. Darüber hinaus versuchten einzelne Politiker und *Ulama* des kurdischen Regionalstaates – den die Bundesrepublik als Verbündete u. a. mit Waffenlieferungen unterstützte –, yezidische Waisenkinder an muslimische Familien zu vermitteln und sie damit zu »wahren Muslimen« zu machen.

Freilich ist hier vor christlichem Hochmut zu warnen: Lange Zeit war die eingeschränkte Religionsfreiheit in der islamischen Welt

jener in Europa weit überlegen. Immer wieder suchten und fanden
Juden und Christen unter islamischer Herrschaft den Schutz, den
ihnen die europäischen Staaten noch nicht gewähren wollten. So
werden auch in den von Martin Luther entworfenen und von führenden evangelischen Gelehrten gezeichneten »Schmalkaldischen
Artikeln« von 1536 die »Türken« und »Tataren« bei aller Feindschaft auch gelobt, denn »sie lassen (jeden), der es will, an Christus
glauben und verlangen (bloß) leiblichen Zins und Gehorsam von
den Christen«. In Europa gewährte zunächst nur Polen auch Juden,
Muslimen und christlichen Minderheiten eine dementsprechende
Religionsfreiheit, die erstmals in der »Warschauer Konföderation«
von 1573 festgeschrieben wurde – und prompt dazu beitrug, dem
Land die Verheerungen der europäischen Konfessionskriege zu er-
sparen.[15]

Zwar entwickelte sich von der Reformation aus dann zunehmend ein breiteres Verständnis von Religionsfreiheit – vor allem
in Großbritannien, den Niederlanden und den Überseekolonien –,
doch gab es immer wieder Rückschritte. So errichteten Kirchen vor
allem zwischen dem 18. und 20. Jahrhundert koloniale Missions-
schulen, die in erster Linie Kinder von Sklaven und Ureinwohnern
ihren Familien entfremdeten oder sogar gewaltsam entrissen, um
auch durch den Einsatz von Gewalt »gute Christen« aus ihnen zu
machen. Der Grat zwischen Bildungsförderung einerseits und einer
gezielten Zerstörung gewachsener Kulturen und Völker andererseits war manchmal schmal und wurde nicht selten überschritten.
So behauptete Papst Benedikt XVI. noch während einer Südame-
rikareise 2007 ganz im Stil islamischer *Fitra*-Argumentation, das
Christentum sei den dortigen Ureinwohnern »nicht aufgezwungen« worden, diese hätten es vielmehr »still herbeigesehnt«. Damit
löste er breite Entrüstung auch unter Christinnen und Christen
aus, die diese verharmlosende Umdeutung der Eroberungs- und
Kolonialgeschichte nicht akzeptieren wollten.[16]

Über die Frage der »richtigen« Missionsform hinaus entwickelte sich auf Basis der Entscheidungs- und Geburtszugehörigkeit schließlich auch das Verständnis von religiöser »Bekehrung« und von »Fortschritt« in den beiden größten Weltreligionen auseinander: Im Christentum galt es als freiwillige Verwandlung, »Konversion«, zu einem neuen und dem Kommenden zugewandten Menschen, der im rituellen Vaterunser-Gebet erhoffte: »Dein Reich komme«. Entsprechend wurde selbst dort, wo sich die Kindertaufe durchsetzte, zunehmend auf einem eigenen Entscheid im Sinne einer Firmung, Konfirmation oder später sogar »geistigen Wiedergeburt« bestanden. Im Islam setzte sich dagegen die Vorstellung einer Rückwendung, »Reversion«, zum in früheren Zeiten verwirklichten, »wahren Glauben« durch.[17] Bis heute fragen Christen daher häufiger: »Was würde Jesus heute tun? Wie wird sein Reich aussehen?« Für Muslime dagegen gilt öfter: »Was hat Muhammad früher getan? Wie sah sein Reich aus?« Während sich islamische Salafisten um eine möglichst überlieferungsgetreue Nachahmung des Prophetenlebens bemühen, üben sich selbst traditionell-fundamentalistische Christen wie die Old Order Amish oder die Hutterer zwar in der Erhaltung ihrer ursprünglichen Lebenswelten aus dem 15.–17. Jahrhundert, aber nicht im Sinne einer Kopie des israelitischen Lebens im 1. Jahrhundert.[18] Auch christliche Gelehrte und Prediger versuchen im Gegensatz zu vielen ihrer islamischen Ulama-Kollegen nicht, Jesus etwa in Kleidung, Sprache und Auftreten zu imitieren. »Neuerung« (bid'a) gilt in großen Teilen der islamischen Theologie als sündige Übertretung, während Christen »Fortschritt« leichter auf Gottes Reich hin begrüßen konnten.

Wie tief diese religiös-kulturell unterschiedlichen Traditionen auch ins Alltagsverständnis von Religionen und Religionsfreiheit eindrangen, lässt sich gut am Beispiel der Republik Türkei studieren, die sich von ihrem Begründer Kemal Atatürk (1881–1938) her eigentlich als laizistisch verstand. Doch die Existenz religiöser Minderheiten wie der Aleviten und der Yeziden wurde und wird in der Türkei schlicht geleugnet, den Menschen als »angeborene« Religionszugehörigkeit dagegen im Personalausweis der Islam zugewiesen. Während türkisch-staatliche Institutionen wie das Religionsamt Diyanet verbeamtete und aus Steuergeldern bezahlte Prediger in die Moscheen im In- und Ausland entsenden, wurden – und werden – die Aktivitäten anderer Moscheeverbände und nichtislamischer Religionsgemeinschaften behindert oder gleich ganz verboten. Der in den 1980er-Jahren nach einem Militärputsch eingeführte sunnitische Religionsunterricht ist auch für nichtsunnitische Kinder verpflichtend, wogegen andere Religionen keinen schulischen Religionsunterricht durchführen dürfen. Staat und Religion sind auch in der türkischen Republik nicht wirklich getrennt; der Staat hat sich die Religion unterworfen.

Als sich 2014 in der Türkei ein erster atheistischer Verband bildete, wurden die Gründer sofort mit Hunderten Todesdrohungen überzogen und die türkische Republik sperrte ihre Website sowie mehrere Twitter-Accounts mit Berufung auf Antiterrorgesetze.[19] Dennoch wagte der Verband noch 2015 die Einreichung einer Petition, damit wenigstens die eigenen Kinder nicht länger von Geburt an als Muslime registriert würden – ohne Möglichkeit, sich davon abzumelden.[20]

Auch in postsowjetischen Staaten wie Usbekistan hat sich bei Beobachtern eine Unterscheidung zwischen praktizierenden »religiösen Muslimen« einerseits und »kulturellen Muslimen« andererseits etabliert, wobei bei Letzteren nicht weiter gefragt wird, ob und wie sie (noch) an Gott glauben, beten oder fasten. Statistisch gelten sie gleichermaßen als Muslime.

Selbst noch in freiheitlichen Demokratien wie Deutschland haben es Menschen muslimischer Herkunft schwer, eine anerkannte Abkehr von der Religion ihrer Geburt zu vollziehen. Entsprechend gründete sich in der Bundesrepublik zum Beispiel das Kuriosum eines Zentralrates der Ex-Muslime, dessen aus dem Iran geflohene Gründerin Mina Ahadi mit Morddrohungen überzogen wurde und wird.[21] Mit einigem Recht kritisierte sie die Übernahme der Muslim-ab-Geburt-Definition nicht nur durch deutsche Rassisten, sondern auch durch Behörden und Statistiker, die selbst Nichtglaubende letztlich dem Einflussbereich islamischer Gruppen zuordnen: »Da viele von uns gezwungen waren, den islamischen Machthabern in unseren Herkunftsländern zu entfliehen, können und wollen wir es nicht hinnehmen, dass nun in Deutschland ausgerechnet muslimische Funktionäre in unserem Namen sprechen sollen.«[22]

Erschwerend kommt hinzu, dass sich in islamischen Traditionen die Praktik des *Takfir* herausbildete – die Beschuldigung anderer Muslime, vom Islam abgefallen zu sein. Damit aber wurden sie der Todesstrafe überantwortet.

Schon der Neffe und Schwiegersohn des Propheten, Ali ibn Ali Talib (600–661), wurde während seiner Amtszeit als vierter Kalif der Umma von einem der extremen Charidschiten ermordet, die ihm vorwarfen, unzulässige Kompromisse auf Kosten des Islams geschlossen zu haben. Während der Blütezeiten der islamischen Zivilisation wurde der Bereich des Islams dann jedoch weiter gefasst und die Ulama einigten sich (überwiegend) darauf, niemanden zum Ungläubigen zu erklären, der einer etablierten Rechtsschule, Konfession oder Tradition im Islam – beispielsweise einem angesehenen Sufi-Orden – angehörte. Doch mit der einsetzenden Krise der islamischen Zivilisation ab dem 18. Jahrhundert formierten sich auch immer extremere Stimmen, die aufgrund ihrer Neigung, andere Muslime zu Ungläubigen zu erklären, auch spöttisch *Takfiris* genannt werden.

Heute macht unter anderem die Terrormiliz des »Islamischen Staates« vom Takfir massiven Gebrauch, mit dem sie praktisch all jene Muslime als Abtrünnige *(murtaddun)* bezeichnet, die sich ihm nicht anschließen wollen. Entsprechend wurde seitens des IS nicht nur die Ermordung sunnitisch-muslimischer Kriegsgefangener, etwa aus Jordanien und der Türkei, sondern auch deren öffentliche und per Video verbreitete Verbrennung gerechtfertigt: Das seien keine Muslime mehr, sondern Ungläubige *(kuffar)*, die sich dem Dienst an weltlichen Regierungen als Ausdruck des Bösen *(taghut)* verschrieben hätten. Der Kampf gehe also weiter bis zur »Tötung all dieser tyrannischen Regierungen und der Abschlachtung all dieser Abtrünnigen« – was auch den größten Teil der Muslime dieser Erde umfassen würde![23]

In weiteren Schriften formulierten IS-Theologen die »Klarstellung der Regel: Wer jemanden, der ungläubig ist, nicht für ungläubig erklärt, ist ein Ungläubiger« und verdammten selbst das wahhabitisch-sunnitische Saudi-Arabien als »Haus des Unglaubens« *(dar al-kufr)*.[24]

Dabei wäre auch nach dem Islam ein weiteres Verständnis von Religionsfreiheit möglich, wie es sich in der »Allgemeinen Erklärung der Menschenrechte« von 1948 findet. Befürworter einer solchen Deutung des Islams berufen sich beispielsweise auf den Koran nach Sure 2:256: »Es gibt keinen Zwang im Glauben.« Sie haben zudem das schon in der islamischen Blütezeit geäußerte Argument auf ihrer Seite, dass man Menschen zu einem wirklichen, inneren Glauben gar nicht zwingen »könne«. Allerdings stehen ihnen noch die Mehrheitsmeinung der heutigen Ulama, die historischen Auslegungstraditionen und die Rechtspraxis in nahezu allen islamisch geprägten Staaten gegenüber.[25]

Und so sorgten Ergebnisse der weltweiten »Pew-Studie« 2013 international für Verwirrung.[26] Das Pew-Institut hatte 38.000 erwachsene Musliminnen und Muslime in 39 Ländern befragt. Kommentatoren jubelten, dass weltweit über 90 Prozent der Befragten angaben, dass »Religionsfreiheit« eine »gute Sache« sei. Doch bei näherer Betrachtung stellte sich heraus, dass damit eben häufig

»nur« das islamisch-traditionelle Verständnis von Religionsfreiheit gemeint war: So fanden 86 Prozent der Befragten in Ägypten
und 79 Prozent in Afghanistan, dass der »Abfall vom Islam« mit
dem Tode bestraft werden solle. Auch in den Palästinensergebieten (66 Prozent) und Malaysia (62 Prozent) hatte diese Auffassung
noch deutliche Mehrheiten hinter sich. In Bangladesch waren es
44 Prozent, im Irak 42 Prozent und in Tunesien 27 Prozent. In Indonesien forderten noch 18 Prozent die Todesstrafe, in der Türkei
17 Prozent und in Albanien gar nur noch 8 Prozent.[27]

Auch kleine Minderheiten können freilich zu einer realen Be-
drohung werden, wenn sie für sich das Recht beanspruchen, »Abgefallene« auch über das staatliche Gewaltmonopol hinaus zu
verfolgen. So wandte sich der einstige Diyanet-Imam und Mufti
(ein autorisierter Gelehrter islamischen Rechts) Turan Dursun
(1934–1990) nach intensivem Religionsstudium schließlich vom
Glauben an Gott ab und wurde ein bekannter und vielgelesener
Religionskritiker. Doch am 4. September 1990 wurde er vor seinem
Haus in Istanbul ermordet. Die türkische Justiz verhaftete mehrere
Mitglieder einer Gruppe namens »Islami Hareket« (Islamische Bewegung) und verurteilte schließlich einen Mann.

»Religionsfreiheit« ist also nicht einfach »Religionsfreiheit«. Den
meisten Menschen in islamisch geprägten Gesellschaften ist daher
völlig klar: Wenn sie sich »laut« vom Islam abwenden, so ist dies mit
Gefahren für das Ansehen oder sogar das Leben verbunden. Oft
droht direkt der Staat, häufiger aber drohen radikale Minderheiten
mit Strafen für den vermeintlichen Verrat, die bis zur Ermordung
reichen können. Die meisten islamkritischen »Muslime« belassen
es daher traditionell dabei, ihre Glaubenszweifel oder auch ihren
inneren Agnostizismus oder Atheismus für sich zu behalten und
allenfalls mit Vertrauten darüber zu sprechen.

Ich kann überhaupt nicht mehr zusammenzählen, wie viele
»Muslime« türkischer, deutscher, arabischer, kurdischer und auch

afghanischer, pakistanischer und indischer Herkunft mir im Laufe der Jahre anvertraut haben, dass sie »eigentlich« mit dem Islam längst nichts mehr anfangen können, aber dies aus Rücksicht auf Angehörige oder aus Angst vor Gewalttätern lieber verschwiegen. Selbst in Deutschland geben ihnen die Daten durchaus Recht: So gaben in einer repräsentativen Umfrage von 2016 27 Prozent der in der Bundesrepublik lebenden Türkeistämmigen an, eine »negative Haltung« gegenüber Atheisten zu haben (15 Prozent eher negativ, 12 Prozent sehr negativ, weiß nicht / keine Angaben 24 Prozent). Dies waren mehr als jene, die eine negative Haltung gegenüber Juden zum Ausdruck brachten (12 Prozent eher negativ, neun Prozent sehr negativ, 30 Prozent weiß nicht / keine Angaben).[28] Die Abkehr vom islamischen Glauben nur »still« zu vollziehen, vermag also einen Schutz gegen Anwürfe oder sogar Sanktionen und Übergriffe zu bieten.

Es kostet ja auch nichts – nicht einmal eine Kirchensteuer oder einen freiwilligen Mitgliedsbeitrag – als Pseudo-»Muslime« mitzulaufen und sich dabei von Moscheen und anderen Versammlungen der islamisch Frommen möglichst fernzuhalten. Ich nenne diesen Ausdruck der millionenfachen inneren Abkehr vom Islam den »stillen Rückzug«.

1.2   Von Muslimen zu Ex-Muslimen – der stille Rückzug

Viyan und ich müssen lachen. Gerade haben wir im Kreise einiger Freunde unser Essen bestellt. Ich, der Christ, habe dabei aus Rücksicht auf meine muslimische Ehefrau auf Schweinefleisch verzichtet. Und der fromme Jude Jesus hätte ja selbst auch kein Schweinefleisch angerührt, also habe ich auch mit diesem Verzicht überhaupt kein Problem. Viyan dagegen hat Schweinefleisch bestellt, obwohl sie aus einer muslimischen Familie stammt und in den deutschen Statistiken noch immer als »Muslimin« geführt wird. Sie ärgert sich auch immer wieder darüber, aufgrund ihrer »orientalischen« Haut und Haare von Fremden als Muslimin angesehen oder gar auf Arabisch oder Türkisch angesprochen zu werden. Denn Viyan schließt nicht aus, dass es einen Gott geben könnte. Sie ist sich aber inzwischen sehr sicher, dass dessen Worte nicht im Koran zu finden sind. Und sie versteht sich als Deutsche, die ihre kurdische Herkunft und Herkunftssprache nicht leugnet, aber auch nicht darauf reduziert werden möchte. Einem Teil ihrer Familie würde sie all dies aus Höflichkeit und zur Vermeidung von Ärger nie sagen; umso mehr genießt sie es, im Kreise von Freunden auch als Agnostikerin akzeptiert zu sein. Um ihr Vertrauen nicht zu enttäuschen, habe ich Viyan einen anderen Vornamen gegeben.

Es gibt längst Millionen von »Muslimen« wie sie. So ergab eine Befragungsstudie für die Deutsche Islamkonferenz (DIK) im Jahre 2009, dass nur noch eine Minderheit von 33,9 Prozent der »Muslime« in Deutschland angab, täglich zu beten – geschweige denn fünf Mal täglich. 15,3 Prozent beteten ein »paar Mal im Jahr« und 20,4 Prozent »nie«! Entsprechend äußerten sich 15 Prozent der Antwortenden als »nicht« oder »eher nicht« gläubig.[29] Und diese Prozentangaben sind noch deutlich untertrieben – denn bei der freiwilligen Befragung wurden naturgemäß nur jene als »Muslime« gewertet, die sich selbst als solche bezeichnet hatten. In einem islamisch geprägten Land hätte Viyan schon aus Vorsicht womöglich nicht wagen können, sich als Nichtmuslimin bzw. Nicht-mehr-Muslimin zu erkennen zu geben – in Deutschland besteht zumindest bei Telefonumfragen keine Gefahr mehr.

Entsprechend bezeichneten sich bei der Befragung nur 81,4 Prozent der teilnehmenden türkischen Staatsbürger überhaupt noch als »Muslime« – und unter den iranischen Staatsbürgern gar 38 Prozent als »ohne Religion« und weitere zehn Prozent als Christen.[30]

Die Mitgründerin eines US-Verbandes von Islam-Aussteigern verglich die immer noch seltene Bereitschaft von ehemaligen Muslimen, ihre Abkehr vom Glauben in Familie und Öffentlichkeit zu bekennen, dabei mit dem Coming out von Homosexuellen. Sarah Haider von den Ex-Muslims of North America (EXMNA) – gewissermaßen dem nordamerikanischen Pendant des deutschen Zentralrats der Ex-Muslime – macht deutlich, wie das Phänomen des erzwungen »stillen Rückzugs« auch Menschen mit muslimischem Hintergrund in den Vereinigten Staaten betrifft:

»Zu unserer Überraschung fuhren manche Leute Hunderte von Meilen, um an Zusammenkünften teilzunehmen, und wir begannen zu verstehen, wie wichtig diese im Leben derjenigen wurden, die das Gefühl hatten, sich sonst niemandem anvertrauen zu können. Im Hinblick auf die Gefahren, die mit einem Verlassen des Islam verbunden sind, wagen viele Austretende nie ihr ›Coming out‹ und müssen also ihr Leben mit dem Verstecken ihrer echten Überzeugungen leben. Unsere Gemeinschaft gibt dieser versteckten und verfolgten Bevölkerungsgruppe einen Raum, wo sie zu sich selbst ehrlich sein können – wo sie ihre Zweifel mitteilen, Rat annehmen und eine Zeit lang allen Schwierigkeiten von daheim entkommen können. Die Veranstaltungen sind nicht öffentlich zugänglich, und wer teilnehmen möchte, muss sich vorher überprüfen lassen, um sicherzugehen, dass die Intentionen echt sind.«[31]

Auch der deutsch-pakistanische Islam- und Politikwissenschaftler Muhammad Sameer Murtaza vermerkt ein schnelles Anwachsen des Atheismus und auch Antitheismus unter ehemaligen Muslimen, das durch die digitalen Medien noch befeuert werde. Er sieht dabei Parallelen zu den europäisch-christlichen Konfessionskriegen nach der Reformation:

»Ähnlich wie in Europa, könnte das Fanal religiöser Gewalt den Weg für eine zunehmende Säkularisierung und Verdrängung von Religion ebnen. Schon jetzt beobachtet man in der muslimischen

Welt die ersten Sprösslinge dieser Entwicklung: In Tunesien und Ägypten bekennen sich Menschen öffentlich zum Atheismus. In den sozialen Netzwerken entstehen atheistische Foren, betrieben von ehemaligen Muslimen, die Unterdrückung, Verfolgung, Misshandlung und Tötungen im Namen des Islam erlebt haben. Für die Benutzer dort sind Begriffe wie Gott, Muhammad, Koran und Scharia nur in Verbindung mit religiöser Tyrannei zu denken. Diese Internetforen sind zu Logen und Treffpunkten dieser im Netz wachsenden Bewegung geworden, die im IS keine Pervertierung des Islam erblickt, sondern einen Zusammenschluss von Muslimen aus der ganzen Welt mit dem Ziel, den Islam zu verwirklichen. Ob IS, Boko Haram, Al-Qaida oder die Taliban: Sie alle stellen für die Atheisten das eigentliche Wesen des Islam dar. Deshalb müsse die Religion überwunden werden. Und in Marokko und Algerien verzeichnet die Bewegung derjenigen, die das Fastengebot im Ramadan nicht mehr einhalten, stetigen Zulauf.«[32]

Auch Karen Krüger traf schon zu Beginn ihrer »Reise durch das islamische Deutschland« im eigenen Freundeskreis auf dieses Phänomen: »Einige schlugen vor, ich solle sie nicht als Muslim, sondern als ›Kulturmuslim‹ bezeichnen, nicht als religiös, sondern als spirituell.

Drei Freunde waren in ihren Antworten geradezu radikal: Bezeichne mich ja nicht als Muslim! Nur weil ich als solcher geboren wurde, muss ich nicht dazugehören! Ich bin Atheist! Sie wollen nichts mehr mit dem Islam zu tun haben, da in seinem Namen unterdrückt und getötet wird.

Ezme, die schon im Rentenalter ist und erst als Teenager aus der Türkei nach Deutschland kam, berichtet von Kindheitserlebnissen, die sie vor der Religion zurückschrecken ließen: Prügel von den Eltern wegen der Missachtung eines religiösen Verbots; die bitterliche Trennung der Cousine, die als Teenager mit der Begründung

verheiratet wurde, Aischa, die Frau des Propheten, sei bei ihrer
Heirat ja auch noch ein Kind gewesen; die Nachbarin, die man mit
blutender Kehle auf dem Feld fand, nachdem es im Dorf geheißen
hatte, sie träfe heimlich den Lehrer.«[33]

Das äußere Bekenntnis mit der inneren Überzeugung in Ein-
klang zu bringen, kann schwer, mitunter sogar gefährlich sein –
doch die Alternativen heißen Heuchelei oder die Umdeutung des
Muslimseins zu einer Art von Gruppenzugehörigkeit ohne jede
religiöse Relevanz. Bei der Befragung zum »Religionsmonitor«
2008 der Bertelsmann-Stiftung, an dessen Auswertung ich mit-
wirkte, zeigte sich dazu ein zunächst überraschender Befund: Der
Islam wurde vor allem in den jüngeren Generationen der Muslime
in Deutschland stärker als »Identitätsmarker« bekannt, aber seltener praktiziert. Beispielsweise meinte eine absolute Mehrheit von
52 Prozent der Muslime zwischen 18 und 29 Jahren, dass das täg-
liche Pflichtgebet *(salat)* »sehr wichtig« sei; aber nur weniger als
ein Viertel, 23 Prozent, übten es – nach eigenen Aussagen – auch
täglich aus. Bei den Senioren ab 60 Jahren lagen Sagen und Tun
noch dichter beieinander: 42 Prozent fanden das Pflichtgebet »sehr
wichtig« und 35 Prozent praktizierten es nach eigenen Angaben
auch. Oder anders formuliert: Es behaupten zwar eher mehr Menschen, muslimisch-religiös zu sein, während immer weniger von
ihnen die traditionellen Glaubenspflichten auch wirklich einhalten! Der Islam wird zu einer bloßen Bekenntnisreligion – und häufig zu einer Lippenbekenntnisreligion ...[34]

Dazu passt, dass der Anteil derjenigen »Muslime« schnell wächst,
die verschiedene religiöse Traditionen nach eigenem Entschluss
kombinieren. »Ich greife für mich selbst auf Lehren verschiedener religiöser Traditionen zurück«, hatten beim »Religionsmonitor« 2008 schon 33 Prozent der teilnehmenden Muslime bekundet;
beim Religionsmonitor 2013 waren es bereits 42 Prozent.[35] Das
mag kaum den Lehren traditioneller islamischer Ulama entspre-

chen, doch es entspricht der Lebensrealität und den Wünschen von immer mehr vor allem jüngeren Menschen muslimischer Herkunft.

Ergebnisse einer emnid-Befragung von 2016 im Auftrag einer Forschungsgruppe der Universität Münster unter Türkeistämmigen in Deutschland haben diese Beobachtungen inzwischen bestätigt. So sank der Anteil der Türkeistämmigen, die nach eigenen Angaben wöchentlich eine Moschee oder ein alevitisches Cem-Haus besuchten, von 32 Prozent bei denen, die selbst zugewandert sind, auf 23 Prozent bei denen, die bereits in Deutschland geboren wurden. Ein tägliches persönliches Gebet *(dua)* bekannten noch 55 Prozent der ersten Generation, aber nur noch 35 Prozent der Folgegenerationen. Doch als »tief« oder »eher« religiös bezeichneten sich 72 Prozent der in Deutschland geborenen Deutschtürken gegenüber nur 62 Prozent der aus der Türkei Zugewanderten. Die Münsteraner Forschungsgruppe schloss daraus: »Möglicherweise spiegeln die Antworten auf diese Frage weniger die ›tatsächlich gelebte‹ Religiosität wider als vielmehr ein demonstratives Bekenntnis zur eigenen kulturellen Herkunft.«[36]

Gegenüber den oft formulierten Ängsten vor einer »fortschreitenden Islamisierung« wird auch hier deutlich, dass die traditionell-strengen Gebote im Namen des Islams immer seltener befolgt werden: Während noch 27 Prozent der selbst aus der Türkei Zugewanderten meinen, Muslime sollten einem Menschen des anderen Geschlechts nicht die Hand schütteln, denken dies nur noch 18 Prozent der bereits in Deutschland Geborenen. Dass Frauen in der Öffentlichkeit ein Kopftuch anlegen sollten, meinen in der ersten Generation noch 39 Prozent, in den Folgegenerationen nur noch 27 Prozent. Auch der Anteil der muslimischen Frauen, die tatsächlich eines tragen, ging entsprechend von 41 Prozent unter den Zugewanderten auf 21 Prozent unter den in Deutschland Geborenen zurück.[37]

Gibt es ähnliche »stille« Entwicklungen auch in islamisch geprägten Gesellschaften? Die vielerorts stark abnehmende Zustimmung zur Todesstrafe für Apostaten spricht ebenso dafür wie die
zunehmende Panik islamischer Fundamentalisten und auch isla-
misch-politischer Akteure. So versuchte das türkische Religionsamt Diyanet gegen die Ausbreitung christlicher Weihnachtsfeiern
vorzugehen und in Pakistan wurde 2017 das öffentliche Begehen
des Valentinstages (!) verboten.[38] Es ist schon eine besondere Iro-
nie: Während nicht wenige Europäer vor einer angeblichen »Islamisierung« erzittern, verbieten islamische Staaten verzweifelt die
Ausbreitung kultureller Bräuche, die sie als Anzeichen von »Ver-
westlichung« oder gar »Christianisierung« identifizieren. Angst
und Freiheit vertragen sich einfach nicht.

Auch internationale Daten zeigen die wachsende Kluft zwischen dem öffentlich bekundeten »eigentlichen« Islam und der
Lebensrealität der »Muslime«, die sich zunehmend ihre eigenen
Gedanken machen. In der bereits erwähnten Pew-Studie von 2013
bejahten die Befragten die Frage, ob ihr eigenes Leben denn der
Überlieferung des Propheten Muhammad (der *Sunna* und den
Hadithen) entspreche, bereits sehr unterschiedlich. So waren noch
75 Prozent der Afghanen der Auffassung, in ihrer Lebensführung
entspreche »viel« der Sunna und den Hadithen, und immer noch
22 Prozent fanden, dies sei »wenig« der Fall, was eine Summe von
stolzen 97 Prozent ergibt. In Indonesien waren es noch 46 Prozent
(»viel«) und 37 Prozent (»wenig«), Summe: 83 Prozent. Unter den
Türken ordneten sich nur noch 33 Prozent bei einem »viel« ein und
immerhin noch 43 Prozent meinten, ihr Leben entspreche den islamischen Überlieferungen »wenig«, Summe: 76 Prozent. In den
Palästinensergebieten befanden noch 18 Prozent auf »viel« und
43 Prozent auf »wenig«, mit einer Summe von 61 Prozent. Im be-
nachbarten Jordanien waren es gar nur noch 17 Prozent (»viel«) und
30 Prozent (»wenig«), Summe: 47 Prozent; und in europäisch-isla-

mischen Ländern wie Albanien sanken die Anteile schließlich auf 20 Prozent (sieben Prozent »viel«, 13 Prozent »wenig«).[39]

Interessant ist dabei auch, dass beispielsweise in den Palästinensergebieten der Anteil derjenigen, die die Todesstrafe für den Abfall vom Islam fordern, mit 66 Prozent höher liegt als der Anteil derjenigen, die ihr eigenes Leben für wenigstens zu kleinen Anteilen an den Überlieferungen ausgerichtet befinden (61 Prozent). Auch hier wird die Zugehörigkeit zum Islam offensichtlich von vielen als Bekenntnis verstanden, von dem sich nur »Verräter« distanzieren, das aber gar nicht mehr unbedingt mit einer religiös bestimmten Lebensführung verbunden sein muss.

In diesem Zusammenhang werde ich nie den Anblick Tausender feierwütiger Araber im Irak vergessen, die anlässlich eines islamischen (!) Feiertages in die kurdischen Städte des Nordens gereist waren, weil dort lockerer gefeiert wurde und Alkohol günstiger zu haben war. Jeder wusste, was hier vor sich ging und was in Strömen konsumiert wurde, doch übten sich gerade die islamischen Fundamentalisten im klugen Wegschauen – angesichts der wütend-religionskritischen Stimmung hätten sie sonst eine Tracht Prügel oder Schlimmeres riskiert. Mich erinnerte das Ganze an Schilderungen vom Ende des Dreißigjährigen Krieges in Europa, in dem die kriegführenden Prediger und Kirchenfürsten ihre Glaubwürdigkeit vielerorts eingebüßt und Verachtung auf sich gezogen hatten. Später schlug ich dazu eine Aussage des deutsch-ägyptischen Politikwissenschaftlers und erklärten Ex-Muslims Hamed Abdel-Samad nach. Dieser hatte bereits 2010 beobachtet:

»Was den Islam betrifft, mag er in seinem jetzigen Zustand alles Mögliche sein, nur eines ist er meines Erachtens gewiss nicht: Er ist nicht mächtig. Er ist im Gegenteil schwer erkrankt und befindet sich sowohl kulturell als auch gesellschaftlich auf dem Rückzug. Die religiös motivierte Gewalt, die zunehmende Islamisierung des öffentlichen Raums und das krampfhafte Beharren auf der Sichtbarkeit der islamischen Symbole sind nervöse Reaktionen dieses Rückzugs. [...] Es handelt sich nur um das verzweifelte Anstreichen eines Hauses, das kurz davorsteht, in sich zusammenzustürzen. Aber auch der Zusammenbruch eines Hauses bleibt gefährlich, und das nicht nur für seine Bewohner.«[40]

Tatsächlich verdecken also die offiziellen Statistiken, die »geborene« Muslime mit beitragszahlenden Kirchenmitgliedern vergleichen, den massiven Glaubens- und vor allem religiösen Praxisverlust in der islamischen Welt. Während die Säkularisierung in den christlich geprägten Gesellschaften mit jeder nicht vorgenommenen Taufe und mit jedem Kirchenaustritt sichtbar wird, werfen die Angaben zu »Muslimen« religiös Fromme und Engagierte mit religionskritischen Agnostikern und Atheisten islamischer Herkunft in den gleichen Topf. Während ein konfessionsloser Pegida-Demonstrant in Dresden durch das Tragen eines schwarz-rot-goldenen Kreuzes und das Ablesen eines Weihnachtsliedes noch lange nicht zum Christen wird, gelten – und verstehen sich – Millionen Araber, Türken und Kurden als Muslime, auch wenn sie seit Jahren kein Gebet mehr gesprochen und keinerlei finanzielle Beiträge mehr an Religionsgemeinschaften entrichtet haben.

Dem irakischen Soziologen Ali Al-Wardi (1913–1995) wird ein Zitat zugeschrieben, das die krisenhafte Widersprüchlichkeit zwischen dem lautstarken Bekenntnis zu einem nicht-praktizierten Islam einerseits und der verbreiteten Sehnsucht nach einem gesicherten und modernen Leben andererseits gut auf den Punkt bringt: »Wenn die Araber zwischen einem religiösen und einem säkularen Staat wählen könnten, so würden sie den religiösen wählen und in den säkularen fliehen.«[41] In Deutschland kennen wir dieses Phänomen auch unter Deutschtürken, von denen ein kleiner, aber vernehmbarer Teil zwar die antiwestlichen Tiraden des türkischen Autokraten Recep Tayyip Erdoğan bejubelt, für sich

selbst aber doch gern die Errungenschaften der europäischen Demokratien und sozialen Marktwirtschaften behalten möchte.

Man kann dies wie die deutsch-türkische Autorin Canan Topçu
psychologisch als Ausdruck eines kulturellen Minderwertigkeits-
komplexes deuten.[42] Sozialwissenschaftlich liegt jedoch auch die
Thematisierung von Bildung und der verschiedenen Formen des
»Wissens« nahe, denen wir in Kapitel 2 nachgehen werden. Doch
werfen wir zuvor einen Blick auf die Lähmung der islamischen Institutionen und Verbände, die das Übergewicht konservativer und
fundamentalistischer Stimmen gut erklärt.

1.3 Die Lähmung islamischer Institutionen durch den Mangel an Religionsfreiheit

Im 8. Jahrhundert n. Chr. – so eine prominente Legende – vollzog
eine Frau, Rabia al-Basri (717–801), eine folgenreiche Urszene des
Islams, die als eine Art öffentlicher Gründungsakt der islamischen
Mystik, des Sufismus, in die Geschichte einging. Die freigelassene
Sklavin und zölibatär lebende Asketin soll mit einem Eimer und
einer Schaufel durch die Straßen Basras gezogen sein und gerufen
haben: »Ich will Wasser in die Hölle gießen und Feuer ans Paradies legen, damit diese beiden Schleier verschwinden und niemand
mehr Gott aus Furcht vor der Hölle oder in Hoffnung aufs Paradies
anbete, sondern nur noch um Seiner ewigen Schönheit willen.«

Der Begriff Sufi (arabisch: Wolle Tragender) bezeichnete ein
weitverbreitetes Kleidungsstück islamischer Mystiker, die über die
»äußerliche« Geburt oder Konversion in den Islam auch eine freiwillige »innere« Hinwendung zu Gott einforderten. Entsprechend
verwiesen sie Koran- und Hadithworten neben dem »äußerlichen«
auch einen »verborgenen« (batin) Sinn zu und schufen damit
völlig neue Interpretationsmöglichkeiten des Islams. Nicht selten

griffen sie auch vorislamische, vor allem christliche, parsische, indische und stammesreligiöse Traditionen auf und entwickelten zudem neue Rituale, Literaturen sowie Musiken und heilige Stätten. Sie erreichten damit inner- und außerhalb der von Muslimen eroberten Länder Millionen von Menschen, die bis dahin gar nicht oder nur oberflächlich »islamisiert« worden waren. In neuen Organisationsformen wie Tekke-Orden und Bruderschaften, wie beispielsweise den bekannten Derwischen, organisierten sich religiöse Bewegungen auch in Abgrenzung oder sogar Gegensätzen zur staatlich-offiziellen Orthodoxie, die mit dem Ausbau »rechtgläubiger« Koranschulen *(madaris)* reagierte. Selbstverständlich kam es dabei auch zu Spannungen und Verfolgungen; zu den bis heute unter Sufis geehrten Opfern eines damaligen Kalifatsstaates zählt beispielsweise der grausam hingerichtete Mansur al-Halladsch (857–922). Bis zum Anfang des 20. Jahrhunderts bildeten Sufi-Gemeinschaften einen wesentlichen Bestandteil der selbstorganisierten Zivilgesellschaften in der islamischen Welt.[43] Bedeutende Sufis wie Scheich Adi ibn Musafir (1075–1162) wirkten sogar über die Grenzen des Islams hinaus: Der aus dem Libanon stammende Gelehrte und Autor begründete nicht nur im heutigen Irak den sunnitischen Adawiya-Orden, sondern wurde von den nichtislamischen, kurdischsprachigen Yeziden zudem als Inkarnation des göttlichen Engels verstanden; sein Grab in Lalisch bildet heute die heiligste Stätte dieser Religion.[44]

Doch als sich im 20. Jahrhundert als Reaktion auf den quälenden Zerfall und die koloniale Besetzung der islamischen Reiche zunehmend Nationalstaaten nach westlichem Vorbild gründeten, gerieten neben den traditionellen Ulama-Gelehrten gerade auch die Sufi-Orden in den Verdacht, Mitschuld an Erstarrung und Niedergang der einst blühenden Zivilisation zu tragen. Die traditionellen Orden wurden ebenso wie zahlreiche islamische Neugründungen und Reformbewegungen von säkularen Nationalisten,

Sozialisten und orthodoxen Islamisten unter staatliche Kontrolle gezwungen oder gleich als vermeintliche Sekten verboten und verfolgt. Dieses Schicksal traf von türkischen Tekke-Ordenshäusern bis zu indonesischen *Pesantren* (islamischen Dorfschulen) und *Kebatinan* (javanischen »Innerlichkeitsgruppen«) religiöse Gemeinschaften in der gesamten islamischen Welt. Häufig reagierten diese islamischen Bewegungen auf die staatlichen Verfolgungen, indem sie sich ihrerseits in politischen Parteien organisierten und nach politischer Macht zu streben begannen. So gilt die auch im indonesischen Parlament stark vertretene, auf die Pesantren zurückgehende »Nahdlatul Ulama«-Bewegung (NU) mit rund 40 Millionen Mitgliedern als die größte islamische Selbstorganisation der Welt.[45] Während sich die NU jedoch zeitverzögert zu den christlich-demokratischen Parteien Europas im 20. Jahrhundert schließlich zur Demokratie bekannte, blieb die Haltung der arabischstämmigen Muslimbrüder und ihrer zahlreichen Ableger zur Demokratie zwiespältig bis ablehnend.

Es gehört zu den Tragiken der islamischen Geschichte, dass die ägyptische Armee am 14. August 2013 Protestlager zugunsten des demokratisch gewählten Muslimbruder-Präsidenten Muhammed Mursi ausgerechnet vor der nach Rabia von Basra benannten Moschee in Kairo zusammenschießen ließ. Dem entsprechend benannten »Rabia-Massaker« fielen nach Angaben von Human Rights Watch über 900 Menschen, darunter Frauen und Kinder, zum Opfer. Gleichzeitig bestärkte es den türkischen Präsidenten Erdoğan in seinem Misstrauen und dann brutalen Vorgehen gegen säkulare und demokratische Kräfte. In fast allen islamisch geprägten Nationalstaaten werden zivilgesellschaftliche, religiöse oder auch säkulare Selbstorganisationen staatlicherseits streng kontrolliert oder auch verfolgt. Entsprechend hat sich überwiegend ein »passives Islamverständnis« herausgebildet, in dem vom Staat erwartet wird, für die religiösen Angebote zu sorgen und »Sekten«

fernzuhalten. Religionsfreiheit besteht in diesem Verständnis fast nur noch darin, sich mehr oder weniger an den überkommenen Überlieferungen zu orientieren; die Gründung eigener Religionsgemeinschaften wird meistens nicht mehr darunter verstanden.

Entsprechend stellte die DIK-Studie von 2009 fest, dass auch nach Jahrzehnten islamischen Lebens in der Bundesrepublik nur rund 15–20 Prozent der »Muslime« einem religiösen Verband angehörte. Als bislang größter Moscheeverband galt DITIB, der deutsche Ableger des türkischen Staatsislams, gefolgt vom türkisch-sufischen Verband Islamischer Kulturzentren (VIKZ) und der islamisch-türkischen Parteibewegung Milli Görüş (IGMG) sowie dem Zentralrat der Muslime in Deutschland (ZMD), einem Dachverband vor allem arabischer und bosnischer Moscheegemeinden. Die Hälfte der bei der DIK-Studie als »Muslime« Antwortenden fühlte sich von keinem islamischen Verband vertreten, ein Drittel kannte nicht einmal einen von ihnen.[46]

Bislang hat nur eine einzige islamische Religionsgemeinschaft in Deutschland die den Amtskirchen und jüdischen Kultusgemeinden entsprechende Anerkennung als Körperschaft des öffentlichen Rechts erreicht: Die indisch-pakistanische *Ahmaddiya Muslim Jamaat* etablierte sich bereits in der Weimarer Republik in Deutschland. Nachdem die stark bildungsorientierte Religionsgemeinschaft vom pakistanischen Parlament (!) um 1974 zu »Nichtmuslimen« erklärt worden war, setzten massive Verfolgungen ein und die Bewegung verlegte ihr Kalifat nach London und ihren Schwerpunkt nach Europa, wo viele Ahmadis Asyl zugesprochen erhielten. Die kulturell traditionale und straff organisierte, aber rechtstreue und bildungserfolgreiche Religionsgemeinschaft zählt heute in Deutschland über 30.000 Mitglieder in über 200 Gemeinden, trifft jedoch bei anderen Muslimen weiterhin auf Ablehnung.[47]

Einen Sonderfall bilden die vor allem nach dem Massaker im türkischen Sivas um 1993 gegründeten Religionsgemeinschaften der Aleviten, die sich zu einem eigenen Dachverband – der *Almanya Alevi Birlikleri Federasyonu* (AABF) – zusammengeschlossen haben. Innerhalb der früher analog zu den Yeziden vor allem mündlich, durch heilige Familien, Musik und Rituale weitergegebenen Tradition wird heftig debattiert, ob das Alevitentum eine Konfession innerhalb des Islams, eine nichtislamische Religion oder letztlich eine humanistisch-nichtreligiöse Tradition sei. Obwohl die Religionsgemeinschaft inzwischen in Deutschland als Ausrichterin von ordentlichem konfessionellem Religionsunterricht an den Schulen anerkannt ist und durchaus auf den Status als Körperschaft des öffentlichen Rechts zielen könnte, zudem entgegen früherer Lehren Mischehen und Übertritte akzeptiert, ist ihr dauerhafter Bestand in Europa durch die zu starke Orientierung auf türkische Politik, durch den allzu geringen Organisationsgrad, Säkularisierung und Kindermangel bedroht.[48]

Die geschwächte Tradition der islamisch-religiösen Selbstorganisation, die Krise der DITIB aufgrund der autokratischen Umgestaltung des türkischen Staates einschließlich des Religionsamtes und der Auslandskonsulate durch Präsident Erdoğan, der Zustrom von auch muslimischen Flüchtlingen gerade auch vor der Gewalt sunnitischer und schiitisch-alawitischer Extremisten sowie die fortschreitende Pluralisierung und Säkularisierung insbesondere der jüngeren Generationen in Deutschland lassen es als unwahrscheinlich erscheinen, dass der Organisationsgrad von »Muslimen« in Deutschland in naher Zukunft steigen könnte. Sogar einige staatlich organisierte und finanzierte Studiengänge in islamischer Theologie und religiöser Lehre für die Grundschulen verzeichnen einen zunehmenden Mangel an interessierten Studierenden. Die vielbeschworene und befürchtete »Islamisierung« sähe anders aus.

Die sehr häufig gerade auch im traditionellen Gewand anzutreffende Haltung, statt auf konkrete Gemeinschaften auf eine idealisierte Umma zu setzen, schilderte und bejahte zuletzt auch

Murtaza, der ein Gespräch mit dem marokkanischen Imam der arabischen Moschee seiner Heimatstadt wiedergab:

»Seine Gelehrsamkeit, seine bedächtigen Umgangsformen, seine geduldige und kluge Art zu sprechen und seine Demut verliehen ihm eine Ausstrahlung, die ihn wohl für die meisten Muslime zu einem Wunsch-Imam machten. An diesen Mann wandte ich mich nun mit meiner Frage, welcher islamischen Gruppe ich mich anschließen sollte. Ruhig, aber eindringlich erklärte mir der Imam, dass der Islam keine Religion von Gruppen sei, sondern eine Umma. Gruppen spalten diese Umma, da sie sich in irgendeinem Punkt von der restlichen Umma abwenden oder sich privilegiert sehen, die Umma wieder auf den rechten Weg zu bringen. Gruppen entwickeln aber immer eine chauvinistische Eigendynamik und lösen sich selten auf. Als Muslim sei man jedoch nur ein Mitglied der Umma und müsse sich folglich mit ihr und in ihr für das Wohl der Muslime einsetzen. Dies geschehe durch das wahrhaftige Argument.«[49]

Es ist unmittelbar einzusehen, wie überzeugend eine solche Argumentation auf einen jungen, nach seiner muslimischen Identität suchenden Bildungsaufsteiger wirken muss. Doch religionsgeschichtlich gesehen läuft sie auf eine Lähmung der zivilgesellschaftlichen Selbstorganisation hinaus. So hätte es die geschilderte Moschee gar nicht gegeben, wenn sich nicht doch ausreichend viele Muslime zu einer »Gruppe« zusammengeschlossen hätten, um sie zu finanzieren, zu errichten und zu betreiben. Schon ein Moscheeverein ist aber wiederum kulturell, sprachlich und konfessionell geprägt. Und auch der weise Imam hatte laut Murtaza »einen Abschluss von einer islamischen Universität in Marokko«, die also selbstverständlich ebenfalls staatlich kontrolliert, finanziert und auf Basis bestimmter islamischer Lehraussagen betrieben werden musste. Entsprechend vorgeprägt war denn auch das Verständnis dieses Imams vom »wahrhaftigen Argument«. Eine

Umma, die sich nicht zivilgesellschaftlich selbst organisiert, zerfällt oder überlässt ihre Organisation, Finanzierung und Inhalte staatlichen Behörden – und damit der Politik in der alten oder neuen Heimat.

Statt sich also selbst ausreichend stark zu vergemeinschaften, setzen deshalb leider gerade auch reformorientierte »liberale« Muslime sogar wieder zunehmend auf das aus islamischen Gesellschaften stammende Modell eines Staatsislams. Reformorientierte Organisationen wie der bisher winzige Liberal-Islamische Bund, das von der Konrad-Adenauer-Stiftung mitorganisierte Muslimische Forum Deutschland oder auch Einzelpersonen wie der islamische Religionspädagoge Abdel-Hakim Ourghi werfen der deutschen Politik und Öffentlichkeit mit einiger Resonanz vor, mit den »konservativen« Verbänden die falschen Ansprechpartner »anzuerkennen«, und verlangen ihrerseits exklusiveren Zugang und eine stärkere Förderung. Im Endergebnis würden nach dieser Argumentation schließlich überhaupt keine islamisch-zivilgesellschaftlichen Religionsgemeinschaften mehr stehen, sondern ein vom deutschen Staat bestimmter und aus allgemeinen Steuergeldern finanzierter Staatsislam.

Auch wenn viele der »liberalen« Muslime bestehende Probleme endlich offen ansprechen, auch theologisch interessante Reformansätze sowie ein klares Bekenntnis zur freiheitlich-demokratischen Grundordnung vertreten, so würde die Einführung eines solchen deutschen Staatsislams das gewachsene Religionsverfassungsrecht in den Ländern der Europäischen Union auf den Kopf stellen. Dann hinge auch in Deutschland die Religionszugehörigkeit wieder nicht mehr von bewussten Entscheidungen der Menschen für oder gegen Mitgliedschaften ab, sondern von politisch-staatlichen Vorgaben. Die im Christentum angelegte und im Westen dennoch erst in langen Prozessen und Konflikten durchgesetzte Unterscheidung von »Thron und Altar« würde über die

Integration des Islams wieder aufgehoben. Das kann, so meine ich, auch kein echter Weg in die Zukunft sein. »Staatsislame« funktionieren ebensowenig wie »Staatskirchen« – Religionen müssen sich vielmehr in freiheitlichen Gesellschaften selbst organisieren oder eben untergehen.

Dass ein staatlich »von oben« liberalisierter Islam statt einer muslimischen Selbstorganisation »von unten« zudem auch inhaltlich nicht akzeptiert werden wird, zeichnet sich bereits ab: Schon jetzt haben viele staatlich finanzierte Ausbildungsinstitute für islamische Theologie und Religionspädagogik wachsende Schwierigkeiten, noch ausreichend Studierende zu finden. Denn ein Großteil der in Deutschland Studierenden muslimischer Herkunft hat bereits so viel innere Distanz zum Islam, dass ein entsprechender Berufswunsch nicht mehr besteht. Und unter jener Minderheit, die sich eine religionsbezogene Laufbahn etwa als Imam oder Religionslehrerin vorstellen kann, gibt es starke Vorbehalte – wenn nicht gleich Verschwörungsvorwürfe (vgl. Kapitel 4) – gegen eine deutsch-staatliche liberale Theologie. Und solange nicht klar ist, wie sich das Verhältnis zwischen den europäischen Staaten und den islamischen Religionsgemeinschaften entwickeln wird, setzen schließlich auch viele der bestehenden islamischen Verbände lieber auf Ausbildungswege in den Herkunftsstaaten, als ihre jungen Leute zum Studium islamischer Theologie und Religionspädagogik in Europa zu motivieren.

Beispielhaft für die Schwierigkeiten islamischer Reformer auch in islamisch geprägten Staaten, ohne religiöse Selbstorganisation Wirkung zu entfalten, steht das tragische Schicksal des türkisch-islamischen Theologen Yasar Nuri Öztürk (1951–2016), der Zeit seines Lebens von vielen Muslimen – darunter meinem Schwiegervater – sehr geschätzt, ja vielerorts als »türkischer Luther« verehrt wurde.[50] Denn der Prediger und islamische Theologieprofessor vertrat eine historisch-kritische Unterscheidung zwischen den Geboten des »wahren Islams« und den vielen, manchmal auch problematischen Traditionen, die sich darum herum angesammelt hätten. Seine reformorientierten Vorträge und Bücher in mehreren Sprachen erreichten ein großes islamisches Publikum, und zur Jahrtausendwende wurde Nuri Öztürk vom TIME Magazine unter die 100 wichtigsten Personen des 20. Jahrhunderts gewählt.[51]

Doch die türkischen Gesetze und die anti-zivilgesellschaftlichen Traditionen verboten es auch ihm, eine religiöse Gemeinschaft oder Schule zu gründen, die einen solchen reformierten Islam hätte vorleben und verbreiten können. Um doch noch etwas zu bewirken, versuchte es also schließlich auch Nuri Öztürk über die Politik und zog 2005 für die kemalistisch-sozialdemokratische Republikanische Volkspartei (CHP) ins türkische Parlament ein. Weil er auch dort mit islamischer Theologie kaum etwas erreichen konnte, versuchte sich der Gelehrte mit dem Gründungsvorsitz einer eigenen Kleinpartei, die jedoch bei der Parlamentswahl 2007 mit 0,5 Prozent der Stimmen unterging. Als der geachtete Theologe 2016 starb, war auch seinen verbliebenen Anhängern klar, dass er nicht viel hatte bewirken können. Während die 500-Jahr-Feier anlässlich der 95 Thesen von Martin Luther und der dadurch ausgelösten Reformation und Kirchenspaltung im schwedischen Lund sogar vom Papst gemeinsam mit dem Lutherischen Weltbund (mit 145 Mitgliedskirchen in 98 Ländern und insgesamt 74 Millionen Mitgliedern) begangen wurde, steht zu befürchten, dass bereits in wenigen Jahrzehnten nur Spezialisten den Namen Yasar Nuri Öztürk überhaupt noch kennen werden. Religiöse Bewegungen ohne die Bildung religiöser Gemeinschaften und Schulen bleiben kurzlebig und wirkungsschwach – und der Versuch, diese Schwäche durch politisch-staatliche Macht auszugleichen, geht in den meisten Fällen ebenfalls fehl.

Was der islamischen Welt durch den bisher weitgehenden Verzicht auf echte Religionsfreiheit und zivilgesellschaftliche Selbstor-

ganisationen entgeht, lässt sich im Vergleich auch an der Religionsgeschichte der USA ersehen. Die in der »Alten Welt« etablierten
Staats- und Amtskirchen waren der Dynamik und den Freiheiten
der ab 1776 unabhängigen Staaten zunächst nicht gewachsen. Im
Jahr der Unabhängigkeit gehörten mit ca. 17 Prozent weniger als
ein Fünftel der US-Amerikaner überhaupt einer christlichen Religionsgemeinschaft an – was etwa dem Organisationsgrad heutiger Menschen muslimischer Herkunft in der westlichen Welt entspricht. Das amerikanische Bürgertum entwickelte seine von den
Herkunftsländern unterschiedene Identität und dann auch politische Schlagkraft zunächst weniger in Kirchen, sondern in überna-
tional und überkonfessionell organisierten Freimaurerlogen – deren Einflüsse bis heute zur Freude von Verschwörungsgläubigen in
den US-Siegeln und Banknoten verewigt sind.[52] Doch unter den
Bedingungen echter Religionsfreiheit und einer christlichen Tradition, die Gemeindegründungen bejahte, entfalteten sich »von
unten« rasch immer mehr Kirchen, die andernorts verfolgt wurden – wie Baptisten, Quäker, Mennoniten, Amish, Methodisten,
Unitarier sowie auch reorganisierte katholische, anglikanische und
evangelische Gemeinden. Hinzu traten lokale Neugründungen
wie die Kirche Jesu Christi der Heiligen der letzten Tage (Mormonen), die durch Mission und Kinderreichtum in nicht einmal zwei
Jahrhunderten auf weltweit über 15 Millionen Mitglieder anwuchs –
und damit die Größe von Judentum und Sikhismus erreichte.
Schon um 1900 gehörten mehr als die Hälfte der US-Amerikane-
rinnen und -Amerikaner christlichen Religionsgemeinschaften an,
die nicht nur Kirchen und Schulen ins Leben gerufen hatten, sondern ganze Staaten (Pennsylvania, Rhode Island, Ohio), Stiftungen
unterschiedlichster Art, Hospitäler und bedeutende Hochschulen
wie Harvard und die Brigham Young University.

Erstaunt hatte bereits der französische Beobachter und Begründer der vergleichenden Politikwissenschaft, Alexis de Tocqueville

(1805–1859), während seiner Amerikareise beobachtet, dass die Religionen in Europa den Monarchen unterworfen seien, unter den Bedingungen der Religionsfreiheit aber die Demokratie beflügelten. Der »Geist der Religion« und der »Geist der Freiheit« seien zu Verbündeten geworden: »Diese beiden Tendenzen, sie schreiten gemeinsam voran und unterstützen einander. Die Freiheit betrachtet die Religion als ihre Kameradin in all ihren Kämpfen und Triumphen.«[53]

Bald waren die erwähnten Freimaurerlogen überflügelt und sie verloren gesellschaftlich und politisch an Bedeutung, auch an Mitgliedschaften, zumal sie Frauen keinen Zugang gewährten. Dagegen wurde mit Antoinette Brown Blackwell (1825–1921) in den USA eine studierte Theologin, Frauenrechtlerin, Ehefrau, Mutter und weitsichtige Evolutionsforscherin von einer Basisgemeinde zur ersten Pfarrerin der Welt gewählt.[54] Mit den Bürgerrechts- und Friedensbewegungen um den promovierten Baptistenprediger Martin Luther King (1929–1963) erreichte die zivilgesellschaftliche Verbindung von religiöser Vergemeinschaftung und freiheitlich-demokratischem Engagement in der Mitte des 20. Jahrhunderts ihren Höhepunkt; nach einer Phase der Stagnation sinkt der religiöse Organisationsgrad inzwischen jedoch auch in den Vereinigten Staaten wieder.[55]

Bisher sieht es noch nicht danach aus, als ob viele islamische Religionsgemeinschaften die Chancen freiheitlicher Demokratien in vergleichbarer Weise zur Entfaltung eigener Dynamiken nutzen könnten. Neben die an den Herkunftsländern orientierten, ethnisch-traditional ausgerichteten Moscheegemeinden, die insbesondere für die nachwachsenden Generationen nicht sehr attraktiv sind, treten bislang wenige, lebensweltlich beispielsweise auf Hochschulen begrenzten Neugründungen wie die ethnisch gemischten deutschsprachigen Muslimkreise. Umfassender organisieren sich aufstiegsorientierte Bildungsbewegungen wie die aus

Pakistan vertriebene Ahmaddiya und die ebenfalls im Herkunftsland verfolgte türkeistämmige Gülen-Bewegung, die sich selbst
als religiös inspirierte Initiative aus Freiwilligen (türkisch: *hizmet*)
versteht, aber auch kaum über Muslime türkischer Herkunft hin-
auswachsen konnte.[56] Schließlich werben auch islamische, häufig
extremistische Parteien und fundamentalistische Gründungen des
Salafismus um Sinn- und Gemeinschaftssuchende, nicht zuletzt
über das Internet.[57]

Übergroße Mehrheiten der Menschen aus muslimischen Familien halten sich jedoch zumindest in Deutschland und Europa
von islamisch-religiösen Verbänden und Unterweisungen fern
und privatisieren sich zunehmend in die säkularen und weiterhin
christlich geprägten Gesellschaften hinein. So wurde in der deutschen Gesellschaft viel darüber gedacht und geschrieben, warum
Präsident Erdoğan bei der letzten Parlamentswahl 2015 knapp
60 Prozent der Stimmen von Türken in Deutschland erhalten habe.
Erst langsam sprach sich dabei jedoch herum, dass sich überhaupt
nur etwa 40 Prozent der wahlberechtigten Türken in Deutschland
für diese hochpolarisierten Wahlen registrieren ließen. Nimmt
man also die gesamte Gruppe der Menschen türkischer Herkunft
in Deutschland von etwa dreieinhalb Millionen Menschen in den
Blick – die zu einem großen und wachsenden Teil eben deutsche
Staatsbürger sind –, so sieht der AKP-Wähleranteil von etwa
10 Prozent nicht mehr wirklich eindrucksvoll aus.

Viel spricht also dafür: Kleine, organisierte Gruppen türkischer,
kurdischer oder arabischer Herkunft mögen die Medienbericht-
erstattung dominieren. Doch große Mehrheiten der Zugewanderten
und ihrer Kinder befinden sich seit Langem im »stillen Rückzug«.
Wenn sie nicht gerade von Nichtmuslimen darauf angesprochen
werden, spielen ausländische Parteien und islamische Verbände in
ihrem Alltagsleben kaum noch eine Rolle.[58]

Doch nicht nur langsam »lauter« werdender Agnostizismus und

Atheismus breiten sich aus, sondern auch ein Interesse an anderen, gern auch »früheren« Religionen: Christen, Yeziden, Bahai und auch die nahezu ausgestorbene Religion der Zoroastrier vermelden trotz – und wegen – Verfolgungen in der islamisch geprägten Welt zahlreiche Anfragen von konversionswilligen Noch-Muslimen, die Gott nicht mehr im Islam finden konnten. Die Wiedereröffnung eines zoroastrischen Tempels in Erbil nach Jahrhunderten der islamischen Dominanz fand beispielsweise als Ausdruck moderner Religionsfreiheit und eines vor-islamischen Nationalbewusstseins unter Kurden breite Sympathie.[59] In Deutschland wenden sich Flüchtlinge dem christlichen Glauben zu und auch religiös-weltanschauliche Bewegungen wie die Anthroposophie mit ihren Waldorfkindergärten und -schulen verzeichnen ein zunehmendes Interesse von Menschen muslimischer Herkunft. Auf Blogs und auf Twitter bekunden Ex-Muslime ihren Abschied vom Islam unter Hashtags wie #exmuslimbecause. Schließlich verweist der rapide Zerfall von Familienstrukturen auf die nachlassende Verbindlichkeit religiöser Gebote und Gemeinschaften (vgl. Kapitel 5).

Warum aber verloren nicht nur die einst blühenden islamischen Reiche, sondern auch die einst so ausgreifenden Bewegungen und Sufi-Orden ihre Dynamik, so dass sie immer mehr heutigen Menschen muslimischer Herkunft kaum mehr etwas zu sagen haben? Warum brach in den christlichen Traditionen ab dem späten 15. Jahrhundert eine machtvolle, bildungsorientierte Reformation und die Auffächerung des Christentums in eine nie gekannte Vielfalt aus, wogegen die religiösen Institutionen und Bewegungen der islamischen Welt größtenteils erstarrten?

Das nächste Kapitel wird den Grund dafür in vor allem einer einzigen, weitreichenden und auf Dauer verhängnisvollen Entscheidung benennen ...

2. Das verhängnisvolle Verbot von 1485
Wie der Islam erstarrte

Anfang Januar 2016 betrat der tunesische Prediger Abdelfattah Mourou im prachtvollen roten Gewand eines Ulama-Gelehrten die Kanzel einer Moschee in New Jersey, USA. Wie in konservativen Moscheen – und Synagogen – üblich, waren nur Männer im Hauptraum. Gespanntes Interesse lag in der Luft, denn Mourou war nicht nur irgendein Imam, sondern einer der Mitbegründer der islamischen Ennahda-Partei – der »Bewegung der Wiedergeburt« – und 2014 zum Vizepräsidenten des tunesischen Parlaments gewählt worden. Viele der arabisch-amerikanischen Männer dürften also eine Predigt mit den üblichen Beschuldigungen und Klagen erwartet, manche vielleicht auch erhofft haben: Dass der Islam von Gott als beste und schließlich einzige Religion eingesetzt sei; dass allein »der Westen« Schuld an den Unruhen, den Kriegen und der verbreiteten Armut der islamisch-arabischen Welt habe; dass »die Muslime« arme Opfer finsterer Verschwörungen seien und nur durch mehr Glauben, Beten und Opferbereitschaft ihr Schicksal wieder zum Besseren wenden könnten.

Doch Abdelfattah Mourou hatte der Gemeinde etwas anderes zu sagen. Trotz zahlreicher Löschungen verbreiteten sich Auszüge seiner Predigt in Ton, Schrift und Videos über das Internet und bald berichteten auch amerikanische sowie einige arabische Medien.[60]

»Euer Prophet hat euch als eine Gemeinde in der Welt gelassen, als ›die beste Gemeinde, die für die Menschen erstand‹«, so zitierte Mourou Sure 3, Vers 110 des Korans zum Lobpreis der islamischen Gemeinschaft, der Umma, wie es in islamischen Predigen oft und gern geschieht. Ebenfalls zum Standard gehörte die Erinnerung an die Glanzzeiten der frühen islamischen Zivilisation:

»Ihr habt Akademien, Hochschulen und Straßen gebaut! Ihr habt Gelehrte der Physik, Chemie, Medizin, Mathematik und

Optik hervorgebracht! Ihr habt Entdeckungen zum Nutzen der Menschheit gemacht! Sieben Jahrhunderte lang hat der Islam Wissen und Weisheit für die Menschheit hervorgebracht!«

Bis hierher entsprach die Predigt den Erwartungen und »normalerweise« wäre nun die Klage über die finsteren Bedrohungen und Verschwörungen nichtmuslimischer Mächte gefolgt. Doch diesmal nicht. Mourou wandte sich den heutigen Muslimen direkt zu:

»Wo sind aber euer Wissen und eure Weisheit heute, o Muslime? Heute leben die Muslime in einer Zeit, in der alles, was sie tragen, von Kopf bis Fuß, von anderen hergestellt wird!«

Mit Gesten verwandelte der Prediger seine prachtvolle Robe in ein Symbol der Krise:

»Diese Haube wurde in Neuseeland hergestellt. Diese Brille wurde in Österreich hergestellt. Dieses Mikrofon wurde in Amerika hergestellt. Diese Uhr wurde in der Schweiz hergestellt und diese Schuhe in Italien. Die Wolle dieser Robe stammt aus Britannien.

Meine Brüder, wir besitzen in unserem Leben gar nichts! Warum erhebt ihr eure Hände zum Gebet, um Gott um den Sieg des Islams und der Muslime zu bitten? Sieg, über wen genau? Über wen? Warum solltet ihr siegreich sein?

Gott spricht über böse Taten aus Unwissenheit? 30 Prozent der Muslime können weder lesen noch schreiben! Wir können nicht auf eine einzige Universität stolz sein, die Köpfe hervorbringen würde, die die Welt voranbringen. Wir sind eine Gemeinschaft, die nicht liest und schreibt!

Heute ist der erste Tag des neuen Jahres! Bei allem Respekt: Hat jemand hier im letzten Jahr ein einziges Buch gelesen? Wir lesen nicht und wir lehren auch unsere Frauen nicht zu lesen. Unsere Söhne lesen auch nicht. Im Durchschnitt liest ein Araber 0,79 Bücher pro Jahr, ein Dreiviertel eines Buches, während sie in Japan in

zwei Jahren 80 Bücher lesen. Wie können wir also erwarten, wie
die Japaner zu sein?«

In der Gemeinde war es atemlos still, doch Mourou war noch
lange nicht fertig.

»Wie kann ich erwarten, wie die Amerikaner zu sein, die gelernt haben, zu lesen und ihr Leben sorgfältig zu planen? Wir leben
doch unser Leben ohne System, je nach Impulsen und Gefühlen!«,
donnerte der Prediger und unterstrich seinen Ärger durch ein an-
gedeutetes Tänzchen. Nun sprach er direkt die »Söhne Amerikas«
an, die bereits in den USA geboren worden waren:

»Ihr seid Amerikaner! Ich bin stolz, zu euch sprechen zu dürfen. Denn ihr lebt in einem Land, das auf der Basis von Erfahrung
und der Ansammlung von Wissen begründet wurde. Hier werden sie durch jeden Menschen stärker, der das Land betritt. Jene,
die New Jersey errichtet haben, kamen aus Jersey in Britannien,
dem Ort der Kleidungsproduktion. Sie kamen hierher und bauten
Jersey, und nebenan schufen sie York. Sie nannten sie New Jersey
und New York!«, predigte er und unterstrich mit Wort und Geste
den jeweils positiven Klang des »Neuen«. Was für uninformierte
Besucher wie ein seltsamer kleiner Ausflug in die Lokalgeschichte
geklungen hätte, wurde damit zu einem Statement: Nicht im Rück-
blick auf eine verklärte Vergangenheit, sondern im Aufbau von
Neuem sei Gutes zu finden! Nein, das war alles andere als eine nur
traditionelle islamische Predigt …

»Sie haben ihre Fabriken mitgebracht und dieses Land hieß
sie willkommen. Zu den lokalen Ureinwohnern traten Engländer,
Franzosen, Italiener, Polen und Deutsche. Sie haben diese wichtige Zivilisation erbaut, auf die wir stolz sind, weil die Menschheit
von ihr profitiert!«, rühmte der Imam die Vereinigten Staaten von
Amerika in einer Weise, in der es kaum ein westlicher Gelehrter
gewagt hätte.

»Diese Zivilisation war auf Wissen und Wissenschaft begründet und darauf, von den Erfahrungen anderer zu lernen. Ich bin stolz, dass ihr, als Amerikaner, zu dieser Moschee gekommen seid, weil ich glaube, dass ihr eine Aufgabe zu erfüllen habt. Ihr solltet fähig sein, neue Hoffnung zu wecken und als ein Vorbild zu wirken für eure Gemeinschaft, die weit entfernt schlummert.« Der Daumen des Predigers wies hinter seinen Rücken, in eine arabisch-islamische Welt, die Mourou sich dann auch vornahm.

»Wenn die islamische Welt keine Doktoren der höchsten Professionalität hervorbringt, dann lebt die islamische Gemeinschaft in einem Zustand der kollektiven Sünde! Wenn die islamische Gemeinschaft selbst keine Raketen herstellen kann, lebt sie in einem Zustand der kollektiven Sünde. Wenn die islamische Gemeinschaft keine Hersteller von Mobiltelefonen hat, dann lebt sie in einem Zustand der kollektiven Sünde. Wir leben heute in kompletter Sünde, aber wir reden nicht darüber!«

Die Zuhörer sollten »Vollbürger dieses Staates« werden, rief der Tunesier die Anwesenden auf, denn: »Dieses Land respektiert euch und euren Glauben! Praktiziert euren Glauben, aber seid auch aktive Staatsbürger! Spielt eine aktive Rolle in dieser Gesellschaft, seid für sie keine Last.«

Wer sich nicht aktiv einbringe, habe kein Recht, »weinerlich« über Beschimpfungen und Diskriminierungen zu klagen. »Ihr habt das Recht, Vollbürger zu sein, aber ihr müsst auch jene respektieren, die sich von euch in ihrer Religion, ihren politischen Anschauungen und Entscheidungen unterscheiden, da Staatsbürgerschaft ein Mosaik ist, das verschiedene Farben zusammenbringt.«

Entsprechend schloss Mourou seine Predigt mit einer Anrufung Gottes, die den Verdammungsformeln so vieler anderer Prediger direkt widersprach. »Gott, schütze dieses Land mit seinen Muslimen und Nichtmuslimen. Lass sie nicht Böses oder Feindschaft erfahren, o Herr der Welten! Mache unsere Länder sicher, zusammen mit allen anderen Ländern, so dass wir vom Bösen nicht getroffen werden, o Herr der Welten. Wir wünschen Böses nicht über uns und nicht über andere.«

Wenn ich muslimischen Bekannten ein Video dieser Predigt zeigte, so stimmten sie oft ergriffen zu; einige der Religiöseren antworteten sogar mit einem gemurmelten »Amen«. Doch manche reagierten auch verwirrt und ratlos, rührte Mourou doch an langen Tabuthemen innerhalb vieler islamisch geprägter Kreise. Warum hatten »die Muslime« nach sieben Jahrhunderten aufgehört, eine wissenschaftlich und technologisch führende Zivilisation zu sein? Lautete denn nicht das erste Gebot, das der Engel Gabriel laut Überlieferung dem Propheten Muhammad überbracht hatte: *Iqra* – *Lies!*? Wie nur konnte es sein, dass dieses Gebot dem Prediger zufolge von der Mehrheit der Muslime vergessen worden war – und dass eine in Deutschland gestartete Koran-Verteilkampagne unter dem Motto »Lies!« vor nicht langer Zeit gar der Anwerbung von Freiwilligen für radikale Terrorgruppen im syrischen Bürgerkrieg diente?

Tatsächlich braucht es keinen Verschwörungsglauben, um zu verstehen, was die Erstarrung und den Niedergang der jahrhundertelang führenden islamischen Zivilisation auslöste. Es reicht, der Geschichte vom Aufstieg des Islams bis zu einer bestimmten Jahreszahl nachzugehen …

2.1 Entstehung und Bildungsaufstieg des Islams

Über Jahrzehntausende hinweg waren alle religiösen Traditionen der Menschheit stets nur mündlich weitergegeben worden. Doch im 11. Jahrhundert v. Chr. hatte sich im Nahen Osten bei den Phöniziern das erste Alphabet entwickelt, aus dem dann auch die hebräischen, griechischen, arabischen und lateinischen Lettern entstanden. So nutzten hebräische Schriftgelehrte ihre Alphabetschrift (beginnend mit Aleph, Bet, Gimel ...), um die mündlichen religiösen Überlieferungen niederzuschreiben. Gerade »weil« das Volk Israel vergleichsweise klein war und immer wieder von Großmächten bedrängt und bezwungen, schließlich gar in großen Teilen ins Exil nach Babylon verschleppt wurde, verlor der Tempel an Bedeutung und wurden die Heiligen Schriften zum Ort der Gottesbegegnung, zum »mobilen Gotteshaus«. So wurde das Judentum durch Krisen hindurch zur ersten monotheistischen »Schriftreligion« mit Rabbinern anstelle von Schamanen und Tempelpriestern.[61] Unter dem enormen Einfluss der griechischen Kultur und des Römischen Reiches entstand eine griechische Übersetzung der hebräischen Bibel, die Septuaginta.

Nur drei Varianten des Judentums überlebten die Niederwerfung israelitischer Aufstände und die Zerstörung des Jerusalemer Tempels durch das römische Imperium um 70 n. Chr.: das rabbinische Judentum, das die Fremdherrschaft als göttliche Strafe deutete und friedlich akzeptierte; eine bis heute bestehende Gruppe von Samaritanern um den Berg Garizim; und schließlich Nachfolger des gekreuzigten Juden Jehoschua (griechisch-lateinisch: Jesus), die ihn als Messias (griechisch-lateinisch: Christus) bekannten und auf seine Wiederkehr hofften. Diese Christen erweiterten die Septuaginta um weitere Schriften und stiegen trotz anfänglicher Verfolgungen zur bis heute größten Weltreligion der Menschheit auf. Dabei wurde – und wird – die um das »Neue Testament« erweiterte Bibel in alle Sprachen der Welt übersetzt, wofür bisweilen sogar erst Alphabetschriften geschaffen wurden.

Neuere Forschungen haben die Frage aufgeworfen, wie stark eine kleine Medienrevolution zur schnellen Ausbreitung des Christentums beigetragen und damit Weltgeschichte geschrieben hat: Ab dem Ende des 2. Jahrhunderts n. Chr. nutzten die oft verfolgten, aber wachsenden Gemeinden auch für ihre heiligsten Texte gebundene Bücher, Codizes. Diese waren leichter und günstiger herzustellen und zu transportieren als die traditionellen Schriftrollen, an denen das rabbinische Judentum festhielt. Der Bibelkanon der Christen breitete sich somit schneller und dann auch in immer mehr Sprachen aus.[62]

Im 7. Jahrhundert n. Chr. wurde auf der arabischen Halbinsel auf Basis mündlicher Offenbarungen, die dem Propheten Muhammad durch den Engel Gabriel übermittelt worden seien, dann auch der Koran (arabisch: Lesung, Rezitation) verschriftet. Auf dieser arabischen Text- und Ritualbasis entstand die zweitgrößte Weltreligion der Erde, der Islam (arabisch: Hingabe, Unterwerfung). Dieser spaltete sich nach dem Tode Muhammads in die zwei Hauptkonfessionen der Sunniten (nach der *Sunna*, den Überlieferungen von Worten und Taten des Propheten) und Schiiten (von *Schiat Ali*, der Partei des Ali ibn Abi Talib [600–661], des ermordeten Vetters und Schwiegersohns des Propheten). Es entstanden mehrere, auch miteinander konkurrierende Reiche. Muslime eigneten sich durch Eroberung, Handel und Dialog das verfügbare Wissen ihrer Zeit an, übernahmen die Herstellung von Papier aus China und schufen eine über lange Zeit führende Zivilisation.

Über ihre kulturellen, wissenschaftlichen und technologischen Errungenschaften ist viel geschrieben worden – doch ist auch die große geistige Weite erwähnenswert, die die islamische Welt in dieser Periode der Bildungs- und Wissensausweitung erlangte. Während in Europa »Ketzern« und Kritikern schnell Verfolgung drohte, wurde in Bagdad der religionskritische Gelehrte Abu l-Ala al-Ma'arri (973–1057) auch für seine spöttischen Gedichte geehrt und gefeiert. Erst 2013 wurde die zu seinen Ehren errichtete Statue in seiner syrischen Heimatstadt Ma'arra von Fanatikern im Namen des Islams geköpft.[63]

Nach klassisch-arabischer (aber nicht türkischer) Auffassung endete die geistige und tolerante Blüte der islamischen Kultur nach sieben Jahrhunderten: Im 13. Jahrhundert überrannten mongolische Reiterheere das abbasidische Kalifat und zerstörten 1258 die damals weltweit an Gelehrsamkeit führende Hauptstadt Bagdad. Bis 1492 erlosch zudem das Kalifat in Andalusien durch die spanisch-katholische Reconquista (Rückeroberung).

Doch so plötzlich endete die islamische Blüte tatsächlich gerade nicht: Auch die meisten Mongolen schlossen sich dem Islam an und dieser wuchs weiter, wenn sich auch die politische und kulturelle Macht stärker auf Nichtaraber verlagerte. So wurde beispielsweise Indonesien ab dem 15. Jahrhundert durch islamische Kaufleute und Wanderprediger – nie aber durch eine Armee – erreicht; es bildet heute mit über 200 Millionen Muslimen den größten von einer islamischen Mehrheit geprägten Staat der Erde.

Auch gen Westen war der Zenit noch nicht erreicht: Die osmanischen Sultane entrissen in der sogenannten »Knabenlese« (türkisch: *devsirme*) nichtmuslimischen Familien viele Söhne, ließen diese zum Islam zwangskonvertierten und zu Janitscharen ausbilden. Am 29. Mai 1453 eroberten sie Konstantinopel, die mächtige Hauptstadt des oströmischen Reiches. Stolz ritt der Sieger, Sultan Mehmet II. (1432–1481), in das heutige Istanbul ein und nahm eine der größten und ältesten Kirchen der Christenheit, die Hagia Sophia (griechisch: »heilige Weisheit«), für die Muslime in Besitz. *Fatih*, Eröffner und Eroberer, so nennen viele vor allem turksprachige Muslime bis heute wehmütig den siegreichen Mehmet, angelehnt an die eröffnende Sure des Korans, *al-fatiha*. Christen und Juden durften als Schutzbefohlene (arabisch: *dhimmi*) ihren Glauben behalten, doch hatten sie fortan eine Sondersteuer zu zahlen und sich mit minderen Rechten zu begnügen. Zur Wahrheit gehört freilich auch, dass nicht nur Muslime, sondern auch Christen und Juden aus Europa vor Verfolgungen ins Osmanische Reich flohen und dieses dadurch verstärkten.

2.2   Das Schicksalsjahr 1485

1485 regierte ein Sohn des Eroberers, Sultan Bayasid II. (1447–1512), das weiter wachsende Reich. Ihm gab die Nachwelt aufgrund seiner islamischen Frömmigkeit den Beinamen *Wali* (arabisch: »Gott Nahestehender«); auch hinterließ der schriftgelehrte Sultan der Welt selbstverfasste Gedichte.[64]

An ihn nun richtete sich eine Anfrage von Kaufleuten, die eine seltsame Maschine aus Europa ins Reich einführen wollten: eine Druckerpresse. Im gleichen Zeitraum, in dem Konstantinopel an die Osmanen gefallen war, hatte in Mainz ein Erfinder namens Johann Gutenberg (1400–1468) die erste Druckmaschine mit beweglichen Lettern entwickelt. Damit wurde die Produktion gedruckter Texte in nie gekannter Schnelligkeit, Anzahl und mit niedrigen Kosten möglich. »Wissen« in all seinen Formen konnte somit standardisiert, vervielfältigt und verbreitet, ganz neue Wirtschaftszweige errichtet werden.[65]

Doch aus Sicht des Sultans und der mit ihm verbundenen islamischen Gelehrten – der Ulama – gab es auch gewichtige Einwände gegen diese seltsame Maschine. Seit der Niederschrift des Korans galt das sorgfältige Schreiben und lesende Rezitieren arabischer Zeichen als geheiligte Tätigkeit, die eine jahrelange Ausbildung voraussetzte. Auch wurden wichtige Überlieferungen und Nachrichten mündlich weitergegeben und in jedem Dorf kannte man jene Weisen, deren Wort besondere Glaubwürdigkeit besaß. Entwertete die massenhafte Vervielfältigung gedruckter Texte nicht all diese wichtigen Ämter – und bedrohte damit auch die erfolgreichen Stützen des Islams und des Osmanischen Reiches? Und wenn massenhaft Schriftwerke auf die Märkte gedrungen wären – wer hätte ihre Inhalte kontrollieren und die Ausbreitung falscher oder gar gefährlicher Texte verhindern können? Warum sollte ein offensichtlich blühendes Weltreich sich solchen Stürmen aussetzen?

So traf Sultan Bayazid II. um 1485 eine der verhängnisvollsten Fehlentscheidungen der Weltgeschichte, die 1515 von seinem Sohn und Nachfolger Sultan (später Kalif) Selim I. (1470–1520) bestätigt wurde und in die gesamte islamische Welt ausstrahlte: das Verbot des Drucks arabischer Lettern; es galt als Verbrechen, auf das gar die Todesstrafe stand.[66] Und während Europa unter Umbrüchen, Kriegen und Krisen in Reformation und Neuzeit stürmte, versank die islamische Zivilisation in jener Erstarrung, die Mourou in seiner Predigt als »Schlummer« bezeichnet hatte.

Noch um 1690 – die Osmanen waren bereits auf dem Rückzug aus Europa – berichtete der marokkanische Gesandte in Spanien, Al-Wazir al-Ghassani (gest. 1707), in edler Handschrift abschätzig über die europäischen »Schreibmühlen, die Artikel veröffentlichen, die angeblich Nachrichten enthalten, aber voller Lügen sind«.[67]

Und tatsächlich waren aus den Druckerpressen keineswegs nur gelehrte und kluge Werke geflossen, sondern auch viele Flugblätter, Pamphlete und ganze Bücher voller Schund und Hass wie der mit einem gefälschten theologischen Gutachten versehene »Hexenhammer« von 1486, einem der ersten »Bestseller« des neuen Medienzeitalters. Während im Osmanischen Reich die offizielle Lehre in Kraft blieb, wonach der Glaube an Hexerei ein Aberglaube und »Hexenverfolgung« entsprechend ein dummes Verbrechen sei, fielen im Europa, befeuert durch sensationsgierige Texte, Zehntausende Unschuldige dem Hexenwahn zum Opfer.[68]

Und doch entwickelte sich durch die Bücher innerhalb von nur zwei Jahrhunderten eine geistige Dynamik, die das Christentum, Europa und die Welt für immer verändern würden.

2.3   In Europa: Buchdruck und Reformation

Als das osmanisch-islamische Druckverbot verkündet wurde, war Martin Luther (1483–1546) noch ein Kleinkind. Die Historiker streiten noch immer, ob der Theologe seine 95 Thesen von 1517 tatsächlich an das Portal der Wittenberger Schlosskirche genagelt oder nur versandt hat. Doch darauf kam es nicht an: Wären die Thesen nicht gedruckt worden, hätte dies den Papst im fernen Rom auch kaum zu kümmern brauchen. Lokale Unruhestifter und »Ketzer« hatte die Kirche schon viele kommen und gehen sehen (und beim Verabschieden auch mal mit Feuer nachgeholfen). Doch Luthers Thesen wurden gedruckt; dutzendfach, hundertfach, tausendfach verbreiteten sie sich, griffen den Ablasshandel im Namen des Papstamtes und damit dessen Autorität an und machten zugleich den Namen des aufmüpfigen Theologieprofessors bekannt. Als Luther schließlich auch eine reich bebilderte Bibelübersetzung herausbrachte (wiederum durch Rückgriff auf bereits gedruckte Ausgaben in Latein, Griechisch und Hebräisch), war das Monopol der alten Kirchengelehrten endgültig gebrochen.[69] So verwarfen schon um 1525 die ersten Christen in der Schweiz die Kindertaufe als ungültig, da sie sie nicht in der Bibel finden konnten – und viele dieser bald Anabaptisten (Wiedertäufer) Genannten hielten trotz brutaler Verfolgungen an ihrem Glauben fest. Auch die heute so altertümlich wirkenden, aber kinderreich wachsenden Amish, die Mennoniten und die Baptisten waren und sind erst direkte Kinder des Buchdrucks![70]

Im gleichen Jahr 1525 »erfand« der ehemalige, inzwischen 41-jährige Mönch Luther durch seine Heirat mit der geflohenen Nonne Katharina von Bora (1499–1552) einen weiteren »Pfeiler der europäischen Kultur«: das evangelische Pfarrhaus.[71]

Erinnern wir uns: In der am Beginn des Kapitels zitierten islamischen Predigt hatte Mourou darüber geklagt, dass männliche Muslime weder ihren Frauen noch ihren Söhnen das Lesen vermittelten. Genau dies aber geschah in den evangelischen Pfarrfamilien: Vielerorts konnte grundsätzlich jeder junge Mann ins Pfarramt berufen werden, wenn er nur die Bibel ordentlich lesen und auslegen konnte. Und auch Frauen – und insbesondere Pfarrfrauen – sollten in der Heiligen Schrift in ihrer jeweiligen Landessprache lesen und Kinder unterweisen können. Ein Pfarrhaus gehörte aber meist nicht der Pfarrfamilie, sondern der Gemeinde oder dem Grundherrn. Was also konnten die Pfarrerseltern ihren – bibelgemäß meist zahlreichen – Nachkommen statt Grundbesitz vererben? Bildung, damit die Söhne einen guten Beruf und die Töchter eine gute Partie gewinnen konnten! Viele Pfarrerskinder wurden so von klein auf gefördert und wiederum Pfarrer, andere aber auch gebildete Mütter, Lehrer, Juristen, Unternehmer (nicht selten: Verleger), Künstler (vor allem Musiker), Politiker, Mediziner und Forscher. Und natürlich waren Pfarrfamilien wiederum sichtbare Vorbilder für andere, bis in die entlegensten Dörfer hinein. So entstand das, was wir heute »Bildungsbürgertum« nennen – die Vorstellung einer möglichst liebevollen Familie, die ihre Kinder nicht mit Luxus überschüttet, aber dafür mit Büchern und Bildung auf ein eigenständiges und gutes Leben vorbereitet.

Wenn Mourou auf den Erfolg europäischer Einwanderer in Amerika und auf dessen Aufstieg »auf der Basis von Erfahrungen und der Ansammlung von Wissen« verweist, dann beschreibt er eine Folge dieser Prägung, die erst in den letzten Jahrzehnten zunehmend an Einfluss verliert. Der – selbst atheistische – US-Rapper Baba Brinkman hat den entsprechenden Erfolg seines Vorfahren »Andrew Murray« im gleichnamigen Song eindrucksvoll beschrieben.

Noch Anfang des 20. Jahrhunderts sorgte eine Arbeit des altkatholischen Juristen Friedrich von Schule (1827–1914) für Aufsehen, der bei der Auswertung der 1600 in der »Allgemeinen

Deutschen Biographie« (1875–1900) versammelten Männer aller
Berufe nicht weniger als 803 Pfarrerssöhne gezählt hatte.[72] Auch
spätere Prominente wie die Literaten Friedrich Nietzsche (1844–
1900) und Hermann Hesse (1877–1962), Wissenschaftler wie Hein-
rich Schliemann (1780–1870), Carl-Gustav Jung (1875–1961) und
Alfred Wegener (1880–1930), der Friedensnobelpreisträger Albert
Schweitzer (1875–1965) und die erste Regierungschefin der deutschen Geschichte, Bundeskanzlerin Angela Merkel (geb. 1954),
waren bzw. sind Pfarrerskinder.

Als die römisch-katholische Kirche die Macht der Bildung ent-
deckte, reagierte sie mit Verboten einerseits und dem Aufbau eigener Schulen andererseits: Schon ab 1559 ließ sie ein Verzeichnis
wegen »Ketzerei, Sittenlosigkeit oder Magie« den Gläubigen »ver-
botener« Bücher, den »Index Librorum Prohibitorum« – drucken;
es gab ihn bis ins 20. Jahrhundert.[73] Über die Jahrhunderte hinweg begaben sich aber auch Abertausende Mönche und Nonnen
– ganze Orden – und weitere Lehrer in den schulischen Dienst. Bis
heute gehören kirchliche Schulen und Hochschulen zu den besten
Bildungseinrichtungen der Welt – auch der islamischen.

Warum aber gelang islamischen Traditionen kaum je eine solche
Aufholjagd?

2.4   Der Niedergang der islamischen Bildung

Während sich Europa also als Folge des Buchdrucks unter Umbrüchen und auch Kriegen und Krisen bildete und wissenschaftlich,
wirtschaftlich, technologisch und kulturell voranstürmte, erfreute
sich das Osmanische Reich seiner durch das Buchdruck-Verbot
gewahrten Stabilität zunächst, breitete sich über den Balkan bis vor
Wien aus und nahm die Kunde von der Reformation und den europäischen Kriegen und Krisen ebenso nur am Rande zur Kenntnis

wie die aufbrechenden geistigen Strömungen innerhalb und später auch außerhalb des Christentums.

Die einst ehrwürdigen islamischen Bildungsinstitutionen wie die Madrasa-Koranschulen erstarrten in den alten Methoden und Inhalten und können auch heute ihren Absolventen oft kaum mehr bieten als Grundkenntnisse in arabischem Lesen und Schreiben sowie islamischer Theologie, eine von der Trauer um vergangene Größe, Opfer- und Verschwörungsglauben geprägte Weltanschauung und ein von Armut und erstarrten Dogmen geprägtes Leben. Von Stätten des Fortschritts und schriftbezogenen Aufstiegs wurden sie daher zu Brutstätten der Stagnation und auch der Radikalisierung. So benannten sich beispielsweise die vor allem in pakistanischen Madrasas ausgebildeten Taliban stolz als »Schüler« (arabisch: *talib*); sie haben in den Koranschulen aber kaum Fähigkeiten für ein erfolgreiches ziviles Leben erworben.

1683 scheiterte auch der zweite und letzte Versuch der Osmanen, Wien zu erobern, und es begann der lange und quälende Niedergang der islamischen Reiche. Als um 1727 in Istanbul der Druck auch arabischer Lettern für nichtreligiöse Bücher endlich genehmigt wurde, war es bereits zu spät – die Tabus waren tief etabliert und es gab ja noch kaum eine lesekundige Öffentlichkeit. Nach nur 24 Büchern musste die erste Druckerei bereits 1797 wieder schließen. Um 1800 waren noch immer nur zwei bis drei Prozent der osmanischen Bevölkerung lesekundig – und dabei handelte es sich häufig um Juden und Christen (zum Beispiel Armenier), die bereits in nichtarabischen Buchstaben gedruckte Bücher verwendeten und durch den damit verbundenen Erfolg Neid, Misstrauen und schließlich Hass auf sich zogen. In europäischen Nationen wie England und Deutschland beherrschte zur gleichen Zeit schon mehr als die Hälfte der Menschen das Lesen und Schreiben, selbst in weniger entwickelte Regionen wie Portugal waren es schon 20 Prozent.[74]

Schlimmer noch: Während die bald weitverbreiteten Bibelübersetzungen etwa in Deutsch, Englisch oder Spanisch die jeweiligen europäischen Sprachen modernisierten und innerhalb der Sprachräume »bildungsbürgerlich« vereinheitlichten, fielen in der arabischen Welt das Hocharabisch des Korans und die gesprochenen Dialekte der Regionen immer weiter auseinander. Heute können sich beispielsweise marokkanische und irakische Araber in ihren Dialekten nur noch schwer verständigen – und ihre gesprochenen Dialekte wiederum haben nur noch sehr wenig mit dem altertümlichen Hocharabisch zu tun, in dem der Koran und andere »hohe Texte« gelesen werden. Buchdrucke und -übersetzungen in Arabisch haben es noch immer schwer, ausreichend große Zielgruppen zu erreichen. Jene so reiche Sprache, die einst den Austausch der Wissenschaften beflügelte, hat sich durch Jahrhunderte der Buchdruck-Stagnation und der regionalen Ausdifferenzierung zu einem Entwicklungshindernis für rund 320 Millionen Muttersprachler gewandelt.[75]

Bis heute hat die islamische, vor allem aber die arabische Welt den enormen Bildungs- und konkret Leserückstand nicht aufgeholt, wie die »Arab Human Development Reports« der Vereinten Nationen wieder und wieder aufzeigen. Schon der erste Bericht von 2002 speziell zu Fragen der Bildung schockierte mit so deutlichen Befunden, dass einige arabische Stimmen weitere Berichte zu verhindern versuchten: »Derzeit werden in der arabischen Welt lediglich 330 Bücher jährlich übersetzt; etwa ein Fünftel der Anzahl von Büchern, die ins Griechische übertragen werden. Allein Spanien übersetzt pro Jahr ebenso viele Bücher, wie in den vergangenen 1.000 Jahren ins Arabische übersetzt wurden.«[76]

Entsprechend beklagen auch islamische Intellektuelle wie der Professor für Religionspädagogik Rauf Ceylan eine »Stagnation der islamischen Theologie«, die sich auch an der im 10. Jahrhundert errichteten Al-Azhar-Universität in Kairo zeige. Ceylan zitiert eine

Klage von Scheich Mustafa al-Maraghi (1881–1945), der sich später als Rektor der Universität um Reformen bemühte: »Die hier verschlingen die Seiten von Büchern, die vor Jahrhunderten geschrieben sind, ohne sie zu verdauen. Sie können nicht mehr selbständig denken; sie lesen nur und wiederholen, lesen und wiederholen – [...] Ab und zu gelingt es einem unabhängigen Geist immer noch, hier zur Entfaltung zu kommen. Im Allgemeinen ist jedoch auch Al-Azhar der geistigen Unfruchtbarkeit anheimgefallen, an der die ganze islamische Welt leidet, und seine alten Triebkräfte sind so gut wie erloschen.«[77]

Ihr Potenzial zeigen Muslime – genauer: Menschen muslimischer Herkunft – entsprechend häufiger in der westlichen Welt, wo viele auch wissensbezogen erfolgreich sind. Ich nenne beispielhaft den Bochumer Biopsychologen Önur Güntürkün oder den ägyptisch-amerikanischen Chemie-Nobelpreisträger von 1999, Ahmed Hassan Zewail (1946–2016). Zewail forschte vor allem in den USA und wurde 1982 US-amerikanischer Staatsbürger. Er engagierte sich auch als US-Wissenschaftsbotschafter (»US-Science Envoy«) durch Vortragsreisen in islamisch geprägte Länder und beriet die Regierung von US-Präsident Barack Obama. Als die ägyptische Regierung den Rückzug islamischer Wissenschaftler von einer Konferenz forderte, weil dort auch israelische Forschende teilnahmen, protestierte er öffentlich dagegen. Zugleich engagierte er sich für die Bildung insbesondere von Palästinensern und eröffnete eine Universität in Gaza. Zewail starb 2016 in Kalifornien.[78]

Einen bezeichnenden Fall bildete auch der islamisch-pakistanische Physik-Nobelpreisträger von 1979, Abdus Salam (1926–1996), der seine wegweisenden Entdeckungen auf dem Feld der Quantenphysik in Europa, vor allem in Italien und Großbritannien, machte. Da er jedoch der in seiner Heimat als »Nichtmuslime« verfolgten Religionsgemeinschaft der *Ahmadiyya* angehörte, wurde Salam erst nach seinem Tod in seine Heimat überführt. Dort ließ die Regierung auf der Inschrift seines Grabsteins das Wort »muslimisch« übermalen, so dass anstelle »erster muslimischer Nobelpreisträger« dort heute nur noch »erster Nobelpreisträger« zu lesen ist.[79]

Außerordentlich drastisch fällt der Vergleich der Patentanmeldungen aus; also von Neuentwicklungen, die sich zu neuen Technologien und Produkten umsetzen lassen sollen. 2013 wiesen die USA 244.000 Patente aus, Japan sogar 340.000, China 154.000 und Südkorea 123.000. Deutschland war mit 82.000 Patenten dabei, Frankreich mit 43.000 und Großbritannien mit 22.000. Die größte arabische Nation, Ägypten, verzeichnete 129 Patente.[80]

Schlimmer noch: Der gesamte arabische Raum mit über 370 Millionen Menschen erreichte 2013 rund 1.800 Patentanmeldungen. Der Kleinstaat Israel mit gerade einmal acht Millionen überwiegend jüdischen Einwohnern erreichte im gleichen Jahr 4.789 Patente.[81] Dementsprechend ist die einzige Demokratie in der Region ihren zunehmend zerfallenden arabischen Nachbarstaaten wirtschaftlich, technologisch, militärisch und politisch längst weit überlegen. Zudem haben Jahrzehnte der auch kirchlichen Aufarbeitung des Antisemitismus und des zunehmenden jüdisch-christlichen Dialogs nach dem Genozid des NS-Regimes in der westlichen Welt ein breiteres Verständnis für Israel geschaffen, wogegen die Integration der palästinensischen Vertriebenen selbst in den arabischen Nachbargesellschaften häufig nicht einmal erwünscht war.

Faktisch breitet sich das israelische Staatsgebiet durch die Errichtung von immer mehr Siedlungsblöcken immer weiter aus; immer mehr christliche und muslimische Araber bevorzugen die israelische Staatsbürgerschaft und die damit verbundenen Arbeitsmöglichkeiten gegenüber der Armut, Korruption und wachsenden Gewalt verfeindeter Gruppen innerhalb der palästinensischen Autonomiegebiete.[82]

Anstatt sich für ein Aufholen des Bildungsrückstandes einzusetzen, haben sich viele islamistisch-radikale Gruppen wie der »Isla-

mische Staat«, die afghanisch-pakistanischen Taliban oder die afri-
kanisch-islamische Boko Haram (wörtlich: »Westliche Bildung ist
Sünde«) sogar gegen die Ausbreitung westlicher Bildung und vor
allem gegen die Beschulung von Mädchen ausgesprochen. Sie be-
drohen bildungsorientierte Politiker, Aktivisten, Lehrer und Eltern,
zerstören Schulen und greifen Impfteams und Hochschuldozenten
an. Boko Haram entführte, versklavte und missbrauchte 2014 über
200 nigerianische Schülerinnen,[83] von denen 82 im Mai 2017 im
Austausch gegen einige Kämpfer und Lösegeldzahlungen wieder
freigelassen wurden.

In der Türkei verfolgte und zerschlug Präsident Erdoğan ab 2013
die islamisch-sunnitische Hizmet-Bewegung, die unter dem Slogan
»Baut Schulen, keine Moscheen!« in der gesamten turksprachigen
Welt ein Netz aus modernen Nachhilfeeinrichtungen, Studieren-
denwohngemeinschaften, Schulen, Hochschulen sowie Wirt-
schafts- und Medienunternehmen aufgebaut hatte. Da Erdoğan
auch andere islamisch geprägte Staaten zur »Vernichtung« der
»Sekte« aufrief, steht zu befürchten, dass die Hizmet-Aktiven ihre
Bildungsarbeit fast nur in den westlichen Ländern weiterführen
können, wo sie immerhin zum schnelleren Bildungsaufstieg von
Muslimen und generell Migranten beitragen und den Vorsprung
der liberalen Demokratien damit weiter ausbauen.[84] Gleichzeitig
haben die Schließung von Bildungseinrichtungen, die Entlassung
und Inhaftierung von Zehntausenden Lehrerinnen und Lehrern
an Schulen und Hochschulen sowie der Bürgerkrieg in den türkisch-kurdischen Gebieten das Bildungssystem der Türkei ab 2015
wieder weit zurückgeworfen. Der Präsident hat sich außerdem
dafür ausgesprochen, in den Schulen wieder die osmanisch-arabische Schrift zu lehren und damit die von Atatürk vorgenommene
Alphabet- und Bildungsreform in Frage gestellt.[85]

2.5 Moscheegemeinden und Imame
   in der Lese- und Bildungskrise

Auch mitten in Europa wenden sich einzelne Moscheegemeinden noch immer gegen wissenschaftliche Bildung. So predigte der
Imam der türkisch-schiitischen Imam-Riza-Moschee in Berlin am
30. Juni 2016: »Wenn ihr euch an der Weisheit der Familie des Propheten orientiert, braucht ihr erstens keine andere Wissenschaft.
Zweitens ist sie die Weisheit, die euch zur Rettung führen wird. Mit
dieser Weisheit werdet ihr dem Irrweg entkommen. [...] Schaut
euch die Wissenschaftler, die Professoren, Doktoren, Dekane, Forscher, Strategen, Politiker und so weiter an! Sie alle folgen einem
dieser beiden Wege. Entweder folgen sie dem Radikalismus oder
dem Liberalismus. Entweder folgen sie dem Weg des Wahhabismus oder dem des Liberalismus und Säkularismus. [...] Ihr könnt
nicht sagen: ›Ich bin zugleich Demokrat und Schiit.‹ Nein, das geht
nicht. Man kann nicht sowohl Muslim als auch laizistisch sein.
Man kann nicht sowohl Muslim als auch liberal sein. Man kann
nicht sowohl dem Säkularismus als auch der Schia anhängen. Man
kann nicht sowohl Humanist als auch ein Freund der Familie des
Propheten sein.«[86]

An diesem Predigtauszug lässt sich sehr gut nachvollziehen, wie
tief der »Kampf der Bildungskulturen« die islamischen Verbände
durchzieht – und zu einer selbsterfüllenden Prophezeiung wird.
Wenn Menschen nur die Wahl zwischen ihrer Religionsgemeinschaft einerseits und dem Wissen der Welt andererseits gelassen
wird, so ist ein Zerfall der Anhängerschaft in einen sich radikal ab-
schottenden Teil einerseits und einem sich aus der Religion »still«
zurückziehenden Teil andererseits unausweichlich.

Tatsächlich wird auch hier der Identitätsbruch sichtbar, der bereits in Kapitel 1 thematisiert wurde: Die Moscheegemeinden auch
in der westlichen Welt werden entweder staatlich aus den Her-

kunftsstaaten oder von eher konservativen Muslimen organisiert.
Die Imame stammen meist ebenfalls aus den Herkunftsländern
und können im Übrigen auch kaum so vergütet werden, wie es
im Westen ausgebildete Akademiker erwarten dürfen. Damit aber
bieten europäische Moscheen – ob mit prachtvoller Fassade oder
in schmucklosen Hinterhöfen – meist eine Art Gegenkultur an, die
auf gebildete und aufstrebende Menschen eher abschreckend wirkt,
Bildungsverlierer und Unzufriedene dagegen anzuziehen vermag.
Statt also zu Förderern von Integrations- und Bildungsprozessen
zu werden, driften bislang viele – nicht alle – Moscheegemeinden
in der westlichen Welt in die sprachliche und geistige Abschottung.
Sie tragen dann nicht nur zu Parallel-, sondern leider häufig sogar
zu Gegengesellschaften bei.[87]

Und wiederum ist dennoch vor Hochmut zu warnen: Auch
christlich geprägte Gemeinschaften wie die Amish oder die Zeugen Jehovas sowie die jüdischen Haredim (hebräisch: Gottesfürch-
tige) waren und sind durch die Zurückweisung säkularer Bildung
geprägt. Auch zum Beispiel Charles Darwin (1809–1882), Sigmund
Freud (1856–1923), Marie Curie (1867–1934) und Albert Einstein
(1879–1955) empfanden und formulierten Spannungen zwischen
dem religiösen Wissen ihrer Herkunft – das sie mit Ausnahme des
Theologen Darwin dann auch größtenteils hinter sich ließen – und
dem Erkenntnissturm der Wissenschaften, zu dem sie je Großes
beitrugen. Dass sich in Juden- und Christentum schließlich mehrheitlich Stimmen wie die des studierten Chemietechnikers und
Papstes Franziskus oder des Oberrabbiners Jonathan Sacks durchgesetzt haben, die eine »große Partnerschaft« zwischen wissen-
schaftlichem und theologisch-philosophischem Wissen ausdrücklich formulieren[88] und vorleben,[89] ist auch ein Ergebnis langen
und keinesfalls abgeschlossenen Ringens innerhalb der christlichen und jüdischen Geisteswelt.

Ebenso würden die wenigsten noch gläubigen Muslime behaupten, dass (empirische) Wissenschaften und Religion einander kategorisch ausschließen. Bedeutende islamische Gelehrte, auch über die islamisch-rationale Schule der Mutaziliten hinaus, hatten noch bis ins 16. Jahrhundert hinein die Bedeutung der Vernunft für den Glauben betont, waren jedoch – wie wir jetzt wissen: als Folge von 1485 – zu einer oft verfolgten Minderheit geworden.[90] Muslimische Frauen verschwanden ab dem 16. Jahrhundert weitgehend aus der islamischen Gelehrsamkeit, die sie lange und zum Besseren mitgeprägt hatten (vgl. Kapitel 5.3). Sollten Sie Menschen mit muslimischem Hintergrund näher kennen, so können Sie die biografisch gravierenden Folgen der noch immer wirkenden Buch- und Bildungskrise auch in deren Leben möglicherweise noch direkt nachvollziehen.

Mein Schwiegervater erzählte aus seiner Kindheit: Wie groß die Aufregung war, als in ihrem türkischen Dorf nahe Ankara die erste Schule eröffnet wurde und er als einer der ersten Jungen Lesen und Schreiben lernen durfte. Bis er als jugendlicher Schreiner dann zum Geldverdienen nach Deutschland geschickt wurde, sei es bei ihnen noch Brauch gewesen, dass ältere Erzähler in den größeren Häusern gehobener Bürger den Dörflern von der weiten Welt berichtet hätten, etwa vom Islam oder von ihrer Teilnahme an den Befreiungskämpfen des Kemal Atatürk (1881–1931). Dieser habe ja das alte osmanisch-arabische Alphabet verworfen und stattdessen ein Schulsystem begründet, das auf einer lateinischen Alphabetschrift basiert, das leichter zu lernen und mit den europäischen Schriften verwandt sei. Auch meine Schwiegermutter hatte in der Türkei lesen und schreiben lernen dürfen; trotz Bitten des Dorflehrers hatten jedoch ihre Brüder einer Verlängerung ihrer Schullaufbahn nicht zugestimmt. Entsprechend ernst nahm sie das Bildungsthema und verdingte sich zusätzlich zu ihrem Hauptberuf in Deutschland jahrelang als Putzfrau, um ihren beiden Töchtern Nachhilfe und Klavierunterricht finanzieren zu können. Eine der beiden – meine Frau – machte ihr Abitur und eine akademische Ausbildung. Nach Jahrzehnten harter »Gast«-Arbeit wurden die vier schließlich deutsche Staatsbürger. Inzwischen sind sie Teil einer religiös gemischten Familie. Sie stehen damit beispielhaft für die massiven Lebens-, Bildungs- und dann auch Glaubensumbrüche, denen sich Menschen muslimischer Herkunft und insbesondere Migranten in westlich-christlich geprägten Staaten millionenfach ausgesetzt sehen – und an denen eben auch manche scheitern.

Schon mit ihrer ersten größeren Befragungsstudie stellte die Deutsche Islamkonferenz (DIK) daher 2007 fest, dass formale Bildung und Religiosität in Deutschland bei Menschen muslimischer Herkunft negativ korrelierten (d. h. als Tendenz: Je höher die Bildung, desto niedriger die Religiosität). Bei den Einheimischen, überwiegend christlicher Herkunft, war es dagegen bereits andersherum: Hier ging höhere Bildung mit durchschnittlich erhöhter Religiosität einher.[91]

Dass es auch anders denkbar wäre, formulierte niemand Geringeres als der zu seiner Zeit in Deutschland führende Evolutionsforscher und Kirchenkritiker Ernst Haeckel (1834–1919). In seinem um 1899 erschienenen Bestseller »Die Welträtsel« rühmte er den Islam als jene Religion, die den »reinen Monotheismus viel strenger bewahrte als die mosaische und die christliche Religion. Das zeigt sich auch heute noch äußerlich in den Gebetsformen und Predigtweisen ihres Kultus wie in der Architektur und Ausschmückung ihrer Gotteshäuser. Als ich 1873 zum ersten Male den Orient besuchte und die herrlichen Moscheen in Kairo und Smyrna, in Brussa und Konstantinopel bewunderte, erfüllten mich mit wahrer Andacht die einfache und geschmackvolle Dekoration des Inneren, der erhabene und zugleich prächtige architektonische Schmuck des Äußeren. Wie edel und erhaben erscheinen diese Moscheen im Vergleiche zur Mehrzahl der katholischen Kirchen, welche innen mit bunten Bildern und goldenem Flitterkram überladen, außen

durch übermäßige Fülle von Menschen- und Tierfiguren verun-
staltet sind!«[92]

Zugleich räumte Haeckel ein, dass die Geschichtswissenschaft
die »›Neuzeit‹ oft mit der Reformation der christlichen Kirche«
eröffnete, »und sie tut recht daran. Denn mit der Reformation
beginnt die Wiedergeburt der gefesselten Vernunft, das Wieder-
erwachen der Wissenschaft.« Vorausgegangen sei der Reformation
jedoch, so Haeckel, »die Verbreitung allgemeiner Bildung durch
die Buchdruckerkunst schon um die Mitte des fünfzehnten Jahrhunderts.«[93]

Die meisten religiösen Muslime und auch viele jüdische und
nichtreligiöse Gelehrte würden Haeckels Annahme zustimmen,
dass ein »reiner Monotheismus« der Entwicklung von Rationalität
und Wissenschaft eigentlich zuträglicher sein sollte als beispielsweise die christliche Lehre vom drei-einen Gott. Wissenschaftlich
gesichert ist diese häufige Annahme jedoch keineswegs: So konnten sich beispielsweise unitarische (antitrinitarische) Kirchen zunächst im Osmanischen Reich (!) und später in den USA frei entfalten. Dort brachten sie es bis ins 19. Jahrhundert zu einer Größe
und gesellschaftlichen Blüte, die auch Universitäten wie Harvard
dominierte und global berühmte Literaten wie Ralph Waldo
Emerson (1803–1882) und Thomas Mann (1875–1955) prägte. Doch
während des 20. Jahrhunderts gingen die meisten unitarischen Gemeinden erstaunlich schnell wieder ein und ihre Reste wurden mit
wenigen Ausnahmen von trinitarischen Kirchen einerseits und
humanistischen Verbänden andererseits aufgesogen.[94]

Es ließe sich also durchaus auch die Gegenthese formulieren,
dass gerade die paradoxen Formulierungen der Trinitätslehre –
ein Gott in drei Personen – christliche Gelehrte jeder Generation
gezwungen haben, neu mit Fragen der Wissens- und Erkenntnis-
theorie zu ringen und sie damit zu dynamisieren. Auch der Begriff
der »Bildung« selbst stammt aus der christlich-trinitarischen Mys-

tik vor allem des Meister Eckhart (1260–1328) und verweist auf die Verwirklichung des jedem Menschen innewohnenden Potenzials als göttliches Ab- oder gar Ebenbild. Dass Gott nicht nur als Vater über der Zeit und der Schöpfung throne, sondern in Jesus Christus Mensch geworden sei und als Heiliger Geist in und zwischen allen Menschen wirke, könnte so schon vor der Reformation die spätere Entfaltung und dann auch säkulare Wertschätzung von »Bildung« im ganzheitlichen Sinne, von religiös inspiriertem Humanismus und von Menschenrechten angelegt haben.[95]

Während also zur Wirkung verschiedener Ausprägungen des Monotheismus auf Bildungs- und Wissenssysteme bislang kaum mehr als Vermutungen verfügbar sind, wird die Sorge des eingangs zitierten Moscheepredigers um die Koranrezitation kommender Generationen durch neurowissenschaftliche Beobachtungen bereits unterstützt. So wies der deutsche Hirnforscher Detlef Linke (1945–2005) darauf hin, dass vokalarme Alphabete (wie Hebräisch und Arabisch) intensiv in der rechten Hirnhemisphäre bearbeitet würden, um die Vokale zwischen den Konsonanten einzufügen. Entsprechend würden Bilder und Musik, so Linke, als störende Überlastung empfunden und im Kultus tendenziell entfernt. Bildloses Rezitieren vokalarmer Schriften (wie der hebräischen Bibel und des arabischen Korans) könne dann als sehr erfüllend erfahren werden. Vokalisierte Alphabete wie Griechisch, Latein und alle daraus folgenden Sprachen würden dagegen sehr viel schneller linkshemisphärisch bearbeitet, damit aber die Sehnsucht nach ergänzenden Eindrücken etwa durch Bilder und Musik wecken.

Die Linkesche These vermag eine Vielzahl historischer Befunde außerordentlich gut zu ordnen, darunter jene der Schriftrichtung, die sich tatsächlich je nach Vokalisierung unterschiedlich entwickelte. Sie kann zudem nicht nur die so unterschiedlichen Kunst-, Gebets- und Kultformen der drei abrahamitischen Religionen miterklären, sondern auch, warum Judentum und Islam auf der Rezi-

tation von Ritualtexten in den (weniger vokalisierten) Ursprungs-
sprachen bestehen, wogegen Christen für (voll vokalisierte) Bibel-
lesungen fast immer die jeweiligen Landessprachen verwenden.

Die Linkesche These vermag darüber hinaus zu klären, warum
islamische Funktionäre wohl zu Recht beobachten, dass mit dem
Abschmelzen der Koranrezitation auch die islamisch-religiösen Erfahrungen seltener werden.[96] So beobachtet auch Murtaza: »Beim
Prozess des Lesens geht es nicht darum, was Gott sagt, sondern
was Sein Wort wohl meint. Hierbei liest der Gläubige immer Ideen
in die Offenbarung mit hinein. Bei der Rezitation im Gebet ist der
Gläubige dagegen darauf konzentriert, ganz im Hier und Jetzt zu
sein. […] Sein Denken ist bei all dem auf ein Minimum reduziert,
um zu verhindern, dass störende Gedanken seine Achtsamkeit
und sein Zuhören beeinträchtigen. […] Was also ist der Qur'an?
Er ist das zu Rezitierende, das einen Segensraum erzeugt. Unser
Verständnis, den Qur'an strikt wie ein Buch zu lesen und verstehen
zu suchen, dessen Passagen zur kritischen Analyse dienen, ist vielleicht die dramatischste Modernisierung im Islam.«[97]

Auch in der Innenschau bemerkt der mehrsprachige und sowohl
religiös wie empirisch-wissenschaftlich gebildete Murtaza: »Auch
ich habe die stärksten Glaubensmomente nicht während des Lesens irgendwelcher islamischer Bücher erlebt, sondern im Gebet,
während der Rezitation der Offenbarung, die zum Herzen vorstößt
und den Menschen in seinem ganzen Dasein erfasst und überwäl-
tigt.«[98]

Die Herausforderung für gläubige Muslime – und insbesondere
Imame – in der westlichen Welt bestünde demnach tatsächlich
darin, in ihren Gemeinschaften eine »doppelte Literalität« sowohl
arabischer wie auch westlicher Schriftsprachen zu gewährleisten.
Dies gelingt jedoch bisher nur sehr selten, scheint aber dann auch
häufig zu besonders produktiven, dialog- und reformorientierten
Gedanken zu führen. Beispielhaft genannt seien neben vielen be-

reits Zitierten weitere deutsch- und arabischsprachige Intellektuelle wie Ahmad Mansour,[99] Navid Kermani,[100] Mariella Ourghi (1972–2015), Lamya Kaddor und Mouhanad Khorchide.[101]

Es ist kein Zufall, dass bisher kaum eine dieser interessanten Stimmen an traditionellen, islamischen Ausbildungsstätten und Moscheegemeinden lehrt; diese wären wohl bislang nicht nur inhaltlich, sondern auch finanziell mit der Anstellung solcher »Doppeltgebildeter« völlig überfordert. Auch mehrsprachig und interkulturell talentierte Imame wie der aus Marokko stammende Stuttgarter Abdelmalek Hibaoui müssen daher aus den Moscheegemeinden an eine staatliche Universität wechseln, wenn sie sich weiterentwickeln und den Graben zwischen den Bildungskulturen überbrücken wollen. Moscheegemeinden gerade auch in der westlichen Welt könnten also ebenso wie Kirchen und Synagogen durchaus wieder Orte der religiösen Erfahrungen und auch des Bildungsaufstiegs werden; sie sind in der organisatorischen, finanziellen und damit auch religiös-kulturellen Realität aber meist noch sehr weit davon entfernt.

Für ein Verständnis der langen Blüte und dann »plötzlichen« Krise der islamischen Zivilisation braucht es also keine überkomplexen, sich etwa an einzelnen Argumenten mittelalterlicher Gelehrter abarbeitenden Theorien. Als zentraler Faktor erweist sich das Verbot des Buchdrucks ab 1485 und damit die bis heute nachwirkende Erlahmung der islamischen Bildungs- und Wissenssysteme. Heute erscheint es vielen Musliminnen und Muslimen so, als könnten sie nur »entweder« koranisch-arabisches »oder« weltlich-empirisches Wissen erwerben. Was in den Blütezeiten der islamischen Zivilisation einander berührte und befruchtete, wird zu oft als Gegensatz erfahren, der die Menschen bis in ihr innerstes Erleben hinein zu spalten droht.

Die Neuropsychologie deutet darauf hin: Juden, Christen, Humanisten und Muslime meinen mit dem Begriff des »Lesens« eben nicht automatisch das Gleiche – und sie erleben das »Lesen« ihrer unterschiedlichen Alphabete in säkularen und religiösen Situationen sehr unterschiedlich. Wer das verstanden hat, kann sich einen Weg durch den Dschungel von bisherigen Vermutungen zur Krise des Islams und zu dessen Zerfall in radikale und säkulare Milieus bahnen – und dabei auch gefährliche Verschwörungsmythen je gegen »den Westen« oder »die Muslime« hinter sich lassen (vgl. Kapitel 4).

Es ist ein natürlich müßiger, aber dennoch interessanter Gedanke, sich einen Moment auszumalen, wie die Weltgeschichte wohl verlaufen wäre, wenn Sultan Bayazid II. und seine Nachfolger die Errichtung von Druckerpressen nicht etwa verboten, sondern erlaubt und gefördert hätten. Wäre auch die islamische Welt durch eigene Varianten der Reformation und dann Aufklärung erschüttert und schließlich dynamisiert worden? Wäre Arabisch stärker vereinheitlicht und zur Weltwissenssprache geworden oder hätte sich lesende Mehrsprachigkeit auch in der islamischen Welt zum Bildungsideal entwickelt? Hätte statt einem christlichen Theologen – Darwin – eine islamische Gelehrte die Evolutionstheorie entdeckt? Hätten wir Menschen gemeinsam schon früher den Mond erreicht – oder uns durch »verfrüht« entwickelte Waffensysteme doch gegenseitig vernichtet, wie es unter den Vorzeichen säkularer Ideologien im 20. Jahrhundert fast geschehen wäre?

Da wir nur die eine Weltgeschichte haben, können und werden wir auf solche Fragen keine abschließenden Antworten erhalten. Doch wir können selbstverständlich das tun, was auch viele muslimische Denkerinnen und Denker tun: Wir können schauen, ob es in der islamischen Welt heute Anzeichen für eine eigene »Reformation« gibt.

2.6 Durchlebt der Islam gerade seine »digitale Reformation«?

Die Geschichte verbindet die Religionen aufs Engste miteinander – doch leider werden diese Wechselwirkungen noch immer selten verstanden und kaum gewürdigt. So wäre die evangelische Reformation ohne den gleichzeitigen Angriff der Osmanen womöglich von katholischen Truppen niedergeschlagen worden. Tatsächlich standen die Türken 1529 vor Wien, im gleichen Jahr, in dem Luther seinen Katechismus veröffentlichte. Und Murtaza deutet den Extremismus unter Muslimen einerseits und die fortschreitende Säkularisierung andererseits als Ergebnis einer »gescheiterten Reformation« innerhalb des Islams.[102]

Nicht wenige Muslime und auch einige nichtmuslimische Stimmen lehnen den Vergleich europäischer und islamischer Geistesepochen ab, da Diskussionen über eine »islamische Reformation« oder »islamische Aufklärung« nach einer Unterordnung unter ein westliches Fortschrittsmodell und nach einer Nachahmung von Nichtmuslimen klängen. Ein wissenschaftlicher Vergleich ist jedoch keine Gleichsetzung, sondern erlaubt gerade erst das Herausarbeiten von Gemeinsamkeiten wie auch von Unterschieden. So bezieht sich Murtaza für seinen Vergleich auf die Paradigmentheorie des Wissenschaftsphilosophen Thomas S. Kuhn (1922–1996), die insbesondere von dem katholischen Theologen Hans Küng vergleichend auf die Weltreligionen angewandt wurde. Es wird also gerade nicht geleugnet, dass jede Religion ihre ganz eigenen Entwicklungswege nimmt – jedoch herausgearbeitet, ob und welche vergleichbaren »Sprünge« (Paradigmenwechsel) sie dabei unternimmt.

So tippt bereits Murtaza die entscheidende Rolle des Buchdrucks für die christliche Reformation an und diskutiert den Koran als »eine Twitter-Nachricht von Gott«.[103]

Und tatsächlich befindet sich die gesamte Welt – und damit auch
jene Hunderte von Millionen Menschen islamischer Herkunft –
derzeit in einer Medienrevolution, deren Auswirkungen die Erfindung des Buchdrucks eher übertreffen werden: das Internet und
die digitalen Medien. So nutzten beispielsweise deutsche Bundes-
bürger um 1980 durchschnittlich 346 Minuten pro Tag audiovisu-
elle Medien wie Fernsehen, Radio und Zeitungen. Vor allem digitale Medien wie Computer und später Smartphones trieben die
Medienzeit dann schnell auf über 500 Minuten im Jahr 2000 und
weiter auf über 600 Minuten – und damit den Großteil des Wach-
tages – in 2013.[104]
Drastisch habe ich die noch gar nicht verstandenen Auswirkungen dieser Medienrevolution in der Arbeit mit den irakischen
Yeziden in 2015/2016 erlebt. Diese nichtislamische Religionsgemeinschaft hatte ihre Lehren über Jahrhunderte fast ausschließlich mündlich tradiert; nur wenige Angehörige der Scheich- und
Priesterkasten konnten überhaupt lesen und schreiben. Im Zuge
der irakischen Arabisierungspolitik wurden wachsende Teile der
jungen Generationen schließlich (zwangs-)eingeschult, lernten
dort aber eben arabisches Lesen und Schreiben, während sie ihre
Muttersprache (meist Kurmandschi, einen kurdischen Dialekt)
weiterhin nur sprachen. So konnten sich überhaupt keine yezidischen Medien wie Zeitungen, Buchverlage, Radio- oder Fernsehsender entwickeln – vielmehr erfolgte zu Beginn des 21. Jahrhunderts ein direkter und abrupter Sprung in das digitale Zeitalter der
Smartphones. Heute nutzen fast alle Yezidinnen und Yeziden »so-
ziale Medien« wie Facebook und WhatsApp – viele, die nie Lesen
und Schreiben gelernt haben, empfangen und versenden täglich
Sprachnachrichten. Gegen die Schnelligkeit dieser Medienrevolution und ihre schon jetzt sichtbaren Auswirkungen auch in Fragen
der Religion wirkt die Ausbreitung des Buchdrucks und seiner Folgen wie eine Schnecke!

Und was auf kleine und verfolgte Minderheiten zutrifft, betrifft die großen Mehrheitskulturen der islamischen Welt natürlich nicht weniger. Die vor allem von den jungen Generationen muslimischer Herkunft getragenen Aufstände des Arabischen Frühlings organisierten sich maßgeblich über Blogs, Facebook und Twitter.[105] Die verblüffend kläglich agierenden Militärputschisten in der Türkei 2016 waren womöglich die letzten Dilettanten, die noch geglaubt haben, die im 20. Jahrhundert effektive Besetzung staatlicher Fernsehsender garantiere auch noch im 21. Jahrhundert eine Kontrolle der medialen Öffentlichkeit. Stattdessen erproben autoritäre Regime vor allem in Asien und Afrika die Kontrolle des Internets oder hilfsweise das zeitweise und auch regional beschränkte Abschalten jeder digitalen Kommunikation.[106]

Am eindrucksvollsten lässt sich die noch kaum verstandene Auswirkung des Internets aber ausgerechnet bei derjenigen islamischen Strömung beobachten, die für sich selbst in Anspruch nimmt, besonders »ursprünglich« zu sein: dem Salafismus – von seinen legalistischen Ausprägungen etwa durch den deutschen Konvertiten und Ex-Boxer Pierre Vogel bis hin zu den dschihadistisch-terroristischen Flügeln des »Islamischen Staates«.

So galt die Erlaubnis für Muslime, überhaupt Bilder wie zum Beispiel Fotografien herzustellen, noch zu Beginn des 20. Jahrhunderts als verwerfliche Neuerung und reformistische Minderheitenmeinung.[107] Ein Salafist von vor 100 Jahren wäre entsetzt und erzürnt über die heutigen »Salafisten«, die das Anfertigen von Bildern und ganzen Filmen über sich selbst und ihre – auch terroristischen – Taten zu einer eigenen »Kunstform« erhoben haben. Heutige IS-Anhänger ignorieren nicht nur das einstige Verbot des Buchdrucks; sie nutzen das Internet zum Verbreiten von lese- und druckfähigen Dokumenten wie ihrem Magazin »Dabigh« und zur Beschimpfung der säkular-religionsfernen, im Netz konkurrierenden Anonymous-Bewegung als »kreuzfahrerische Schweine«.[108]

Kurz: Die heutigen Salafisten und Wahhabiten wie aber auch schiitische Fundamentalisten verkörpern genau jene verworrene Mischung aus urtümlichen Überlieferungen und den Westen nachahmenden Neuerungen, die sie an nicht-extremistischen Muslimen so lauthals verdammen. Sie lehnen moderne Kleidung ab, benutzen aber Smartphones auch zum Anfertigen und Verteilen von Bildern und Videos. Sie nutzen Miswak-Zweige statt Zahnbürsten, loggen sich aber täglich bei Facebook ein, das von dem jüdischen US-Amerikaner Mark Zuckerberg begründet wurde. Sie behaupten, auf originärem islamischem Wissen zu gründen, orientieren ihre Weltsicht aber an europäischen Verschwörungsmythen über die gefälschten »Protokolle der Weisen von Zion«, über Freimaurer und Illuminaten (vgl. Kapitel 5). Sie »sind« Kinder heutiger Medienrevolutionen – und verdrängen dies. Sie kombinieren letztlich einfach nicht das Beste, sondern das Übelste aus beiden Bildungskulturen.

Ein türkischer Witz bringt das Dilemma auf den Punkt: Demnach habe ein Salafist in Istanbul ein Taxi geordert. Kaum eingestiegen, habe er den Taxifahrer angeherrscht: »Machen Sie das Radio aus – der Prophet hat auch kein Radio gehört!« Daraufhin habe der Fahrer das Fahrzeug seelenruhig angehalten und dem vermeintlich Frommen empfohlen: »Wenn das so ist, dann steigen Sie bitte aus und warten auf das nächste Kamel.«

Wenn wir also das Verbot des Buchdrucks ab 1485 als den zentralen Grund für die Stagnation und dann die Krise der islamischen Bildung und Identität verstanden haben, so können wir im nächsten Schritt auch erkennen, warum einige Staaten – etwa Indonesien und Tunesien – bei der Überwindung dieser Kluft schon weitergekommen sind als zum Beispiel der Irak und Saudi-Arabien. Wir werden zudem erfassen, warum der arabisch-islamischen Zivilisation nicht die gleiche Aufholjagd gelang wie dem von Mourou gepriesenen Japan, aber auch zum Beispiel Südkorea und

China, die doch ebenfalls erst ab dem 19. Jahrhundert zum Buchdruck übergingen.

Im nächsten Kapitel werde ich Ihnen die These darlegen: Diese
auch innerislamischen Entwicklungsunterschiede erklären sich
maßgeblich durch den zu Recht so genannten »Fluch des Öls«.

3. Der Fluch des Öls
Warum in der islamischen Welt so selten Demokratien gelingen

Im Frühjahr 2015 stand ich mit einem kurdischen Regierungs-funktionär auf einem nordirakischen Hügel und betrachtete ent-setzt ein riesiges, verzweifeltes Flüchtlingslager mit Zigtausenden zerstörter Familien, vor allem Yeziden, aber auch Christen und Muslime. Erschüttert bat ich ihn zu erklären, warum nun auch die kurdischen Truppen Ölfelder um Kirkuk sichern und verteidigen konnten – aber nicht die Dörfer von Shingal?

»Ihr Europäer tut so gern hochmoralisch!«, wandte der ira-kisch-kurdische Kollege ein. »Aber wenn _Daesch_ [wie Muslime den »Islamischen Staat« meist nennen] die Ölfelder der Region erobert hätte, wärt ihr doch die Ersten, die gemeinsam mit den Amerikanern den IS samt Kalifen offiziell anerkennen und ›einbin-den‹ würden! Ihr seid süchtig nach Öl und stützt deswegen ja auch das Regime in Saudi-Arabien, obwohl es kaum weniger intolerant und brutal als _Daesch_ ist – und obwohl es Fundamentalisten und Terroristen in aller Welt fördert! Glaubt ihr, wir merken das nicht?« Bitterkeit mischte sich in seine Stimme, als er fortfuhr:

»Ihr unterstützt uns Kurden doch nicht wegen Demokratie oder Menschenrechten, sondern wegen des Öls! Wir sind für euch nur das geringere Übel! Und wie sicher können wir sein, dass auch ihr uns nicht wieder im Stich lasst, falls wir die Ölquellen verlieren?«, erklärte er erregt und schloss mit der bitteren Bemerkung: »Das Öl vergiftet euch – und uns.«[109]

Seine Antwort führte bei mir zu intensivem Nachdenken und schließlich auch zu einem eigenen Buch über die verhängnisvolle Macht des »schwarzen Goldes«. Und tatsächlich geben ihm Er-kenntnisse der Politik- und Wirtschaftswissenschaften sehr weit-gehend recht. Auf Vorträgen pflege ich zu sagen: Wenn Sie in Ihrem ganzen Leben nur eine einzige, politikwissenschaftliche Theorie kennenlernen wollen, dann möchte ich die Rentierstaatstheorie empfehlen.

Diese hat nichts mit Huftieren zu tun, sondern stammt aus dem Englischen: Ein »Rentier State« ist ein Staat, der den größten Teil seines Budgets als »Renten« (d. h. aktuell weitgehend arbeitsfreies Einkommen) aus externen Geldquellen wie Zöllen, Tributen, vor allem aber Rohstoffeinkünften erzielt.

Der Irak und auch Kurdistan-Irak sind dafür – leider – hervorragende Beispiele: Es existiert praktisch kein funktionierendes Steuersystem; ein Großteil der Staatseinnahmen stammt aus dem Verkauf und auch Schmuggel von Öl. Was für manchen Steuerzahler zunächst verführerisch klingen mag, erweist sich in der gesellschaftlichen Realität als Katastrophe: Die Bürgerinnen und Bürger tragen ja selbst kaum etwas zu den staatlichen Budgets bei, sondern sind umgekehrt abhängig von den Brosamen, die die Ölbesitzer herunterfallen lassen. Entsprechend entwickeln sie auch kaum ein starkes Selbstbewusstsein als stolze Staatsbürger, die etwa Mitbestimmung verlangen würden, wie es beispielsweise bei der US-amerikanischen und der Französischen Revolution geschah: »No taxation without representation – Keine Besteuerung ohne parlamentarische Vertretung!« Stattdessen besteht der Inhalt von Politik in Rentierstaaten wesentlich daraus, mit den richtigen Leuten Allianzen zu schmieden, um etwas von den Einkünften abzubekommen. Es entsteht ein »Klientelismus«, in dem es weniger darauf ankommt, was jemand kann oder was im Gesetzbuch steht, sondern wessen »Klient« er oder sie ist, zu welchem Volk und Stamm, zu welcher Religionsgruppe und Familie jemand gehört. Auch die entsprechend besetzten Bürokratien agieren in Rentierstaaten dann eher gierig als gerecht, eher korrupt als kompetent.

Die Rentierstaatstheorie

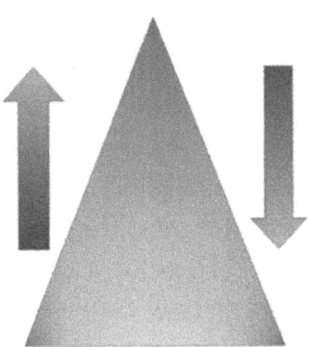

Demokratie
entsteht duch das
Einfordern der
Steuerzahlenden
nach
Mitbestimmung
(z. B. »No Taxation
without
Representation!«)

Rentierstaaten
entstehen, wo die
Herrschenden Geld
»von oben nach
unten« verteilen
können, z. B.
aufgrund von
Öleinnahmen (»No
Taxation = no
Representation!«)

Schaubild zur Rentierstaatstheorie (Michael Blume)

Für die Herrschenden in einem Rentierstaat besteht zudem kaum ein Anreiz, beispielsweise das Bildungs- oder Wirtschaftssystem wirklich zu modernisieren und sich damit ökonomisch unabhängige Bürgerinnen und Bürger heranzuziehen. Stattdessen werden viele Tätigkeiten lieber an ausländische Gastarbeiter vergeben, die besser ausgebildet und fleißiger sein mögen, vor allem aber völlig abhängig sind, keine politischen Forderungen stellen und jederzeit wieder »heimgeschickt« werden können. Und so finden sich selbst jetzt in arabischen Staaten – inmitten einer katastrophalen Flüchtlingskrise und hoher Arbeitslosigkeit – an Flughäfen, in Hotels und Produktionsanlagen häufiger ausländische als arabische Arbeiter. Diese haben den Klientelismus teilweise selbst so stark verinnerlicht, dass sie Dienstleistungen und körperlich anstrengende Arbeiten als »niedere Tätigkeiten« empfinden, die Berufstätigkeit von Frauen ablehnen und lieber nur in der Bürokratie oder an der Waffe vermeintlich »ehrenhaft« arbeiten würden.

Diese also nicht primär durch die Religion, sondern durch die Rentierstrukturen geprägten Einstellungen sind durchaus auch ein

Problem bei der Integration von Flüchtlingen, die oft zunächst so agieren, wie sie es im Herkunftsland gelernt haben: beispielsweise mit dem Versuch, zunächst einmal hohe Forderungen zu platzieren, zu vermeintlich mächtigen Menschen Klientelbeziehungen zu knüpfen und vermeintlich »niedere« Ausbildungswege und Arbeiten zu meiden. Die möglichst frühzeitige und klare Information, dass es in Mitteleuropa kein Öl gibt, dass jede staatliche Leistung aus eigener Arbeit geschöpft wird und entsprechend jede Berufstätigkeit ihren Wert und ihre Würde hat, dass Ausbildungsabschlüsse nützen und weiterführen, ist daher wichtig und sollte durchaus am Anfang von Integrationsprozessen stehen!

Demokratische Wahlen sind in einem Rentierstaat nicht wirklich vorgesehen, denn jede Gruppe wird die sprudelnden Einnahmequellen auch zum Machterhalt einsetzen und keinesfalls kampflos aufgeben. Stattdessen folgt auf den Sturz eines korrupten Diktators meist nur der nächste korrupte Diktator – oder gleich der Zerfall des Landes in unterschiedliche Milizen und Terrorgruppen, die letztlich doch nur wieder um den Zugriff auf die Ölquellen kämpfen. Libyen ist ein Beispiel dafür, aber auch der Irak: Nach dem Sturz und der Hinrichtung des sunnitischen Diktators Saddam Hussein (1937–2006) kam ein schiitisch dominiertes Regime an die Macht, das prompt Sunniten und Kurden zu verdrängen versuchte. Aus der Allianz nun abgesetzter, militärisch oft hochgebildeter Saddam-Getreuer einerseits und von jeder Perspektive abgeschnittener, frustrierter Stämme andererseits entstanden diverse Terrorgruppen bis hin zum »Islamischen Staat«, dessen Hass- und Hauptgegner daher die nun in Bagdad regierenden Schiiten sowie nichtislamische Minderheiten sind.[110]

Und jeder in der Region handelt und schmuggelt mit Öl – schon deswegen, weil es ja kaum andere Wirtschaftszweige gibt, die Landwirtschaft brachliegt und Lebensmittel häufiger importiert als selbst hergestellt werden. Ich habe mehr als genug Öltransporte gesehen, die teilweise direkt aus den IS-Gebieten durch kurdisch kontrollierte Gebiete bis in die Türkei fuhren, manchmal sogar ganz ohne verschämte Umladungen. Um es deutlich auszuschreiben: Solange die restliche (nicht nur die westliche) Welt Tag für Tag Millionen Fässer Öl importiert und damit Renteneinnahmen in Milliardenhöhe generiert, wird es in den ölproduzierenden Regionen keinen echten Frieden und schon gar keine Demokratien geben. Durch die Verbrennung von Öl und Gas verschmutzen wir nicht nur unsere Umwelt, sondern finanzieren auch direkt die autoritären Regime, Milizen und Terrorgruppen der Region.

Und dies gilt selbstverständlich nicht nur für islamisch geprägte Gesellschaften, sondern ebenso etwa für Russland, Venezuela, Nigeria, Angola und teilweise die USA. Selbst gefestigte Demokratien wie die Niederlande oder Norwegen mussten erst Sicherheitseinrichtungen – wie von den Regierungen abgekoppelte Stiftungen – entwickeln, um die wirtschaftlichen und politischen Negativimpulse aus Öl- und Gasfunden abzufedern.

3.1   Saudi-Arabien und der Wahhabismus

In einem – je nach Weltanschauung – besonders absurden Zufall oder besonders rätselhaften Beschluss Gottes finden sich die größten und am billigsten auszubeutenden Ölfelder der Erde als Ablagerungen vor Jahrmillionen verendeter Organismen ausgerechnet im heutigen Saudi-Arabien, dem Kernland des Islams und dem Sitz seiner heiligsten Pilgerstätten. Es ist übrigens auch der derzeit einzige Staat der Erde, der einen Familiennamen, *al-Saud*, als Staatsnamen trägt.

Die Dynastie der Saudis lässt sich bis ins 15. Jahrhundert zurückverfolgen und stützte sich auf frühe Rentenquellen, vor allem auf Zoll- und Raubeinnahmen entlang von Handels- und Pilgerwegen sowie auf Schutzgelder von Siedlungen. An Bedeutung gewann der Stamm jedoch erst durch die Allianz mit dem extrem intoleranten Muhammad ibn 'Abd al-Wahhāb (1702–1793), der sie und ihre Angriffe auf Andersdenkende als Wiederherstellung eines »reinen« Islam legitimierte. Dennoch konnten sie nach einer ersten Eroberung noch 1812–1813 von osmanischen Truppen wieder aus Mekka und Medina vertrieben werden. Erst nach dem Zusammenbruch des Reiches konnten die Saudis 1924 mithilfe fanatischer Einheiten die heiligen Stätten des Islams für sich zurückerobern und 1932 ein Königreich proklamieren.

Die Entdeckung riesiger Erdölverkommen ab 1938 durch US-amerikanische Ölfirmen verwandelte Saudi-Arabien dann in »den« Rentierstaat par excellence. Bis heute ist die 1944 gegründete und 1977 verstaatlichte Aramco, die Arabian-American Oil Company, der größte Erdölproduzent der Erde. Und da die Förderkosten pro Barrel in der saudi-arabischen Wüste besonders niedrig sind, ist der Rentenerlös für alle Beteiligten besonders hoch.

In seinem fünfbändigen Werk »Mudun al-Milh« (»Salzstädte«, 1984–1989) schildert der saudisch-irakische Ölwirtschaftler und spätere Schriftsteller Abd ar-Rahman Munif (1933–2004) eindrücklich die Entwurzelung und Unterwerfung der arabischen Stämme durch das entstehende saudisch-amerikanische Ölrentenregime samt der Verhärtung des ohnehin strengen wahhabitischen Islams und gleichzeitig der massenhaften Anheuerung ausländischer Gastarbeiter in abgeschotteten Lebenswelten. Das Königshaus war über Munifs ebenso treffendes wie erfolgreiches Werk so erbost, dass es ihm die saudische Staatsbürgerschaft entzog und Strafe androhte. Der Autor überlebte im französischen und später syrischen Exil.[111]

Doch trotz und wegen seiner vorgeblichen, wahhabitischen Frömmigkeit geriet das saudische Königshaus immer wieder unter Druck von noch extremeren Kreisen, die ihm insbesondere die Allianzen mit den »ungläubigen« US-Amerikanern verübelten. Andererseits konnte und kann sich das Regime nur durch westliche Technologien und Waffenhilfen an der Macht halten und versucht sich daher bis heute an einer verhängnisvollen Doppelstrategie: Einerseits verhält es sich realpolitisch, akzeptiert westliche Firmen und Truppen und sichert den energiehungrigen Staaten den schwarzen Stoff; andererseits fördert es sunnitisch-fundamentalistische Strömungen auf der ganzen Welt durch Entsendungen extremer Prediger und Schriften sowie durch Geldzahlungen. Schon 1979 stürmte eine Gruppe extremer Wahhabiten die große Moschee in Mekka – beseelt von dem Glauben, einen unsterblichen Erlöser (»*mahdi*«) unter sich zu haben. Nur mit Hilfe US-amerikanischer und französischer Spezialkräfte konnte die Moschee blutig zurückerobert werden – gefolgt von einer schnellen Aburteilung und Hinrichtung der Anführer und der stillen Begnadigung vieler Anhänger. Wundern Sie sich nicht, falls Sie von diesem Ereignis kaum gehört oder gelesen haben – Saudi-Arabien ließ es umgehend aus allen Berichten streichen und mangels Internet geriet es schnell in Vergessenheit. Nur einige Radikale erinnerten sich, darunter die Al-Qaida-Gruppe um Osama bin Laden, die eine Truppeneinheit nach dem hingerichteten Anführer benannte. Und auch dieser wurde in einer Kommandoaktion getötet, ohne dass es eine größere innerislamische Auseinandersetzung mit seinen Lehren gegeben hätte. So gesehen, bildet der »Islamische Staat« gewissermaßen die dritte Generation wahhabitischer Dschihadisten. Und ob die arabisch-islamische Welt sich der Ideologie dieser Leute stellen oder nach einem militärischen Sieg doch nur wieder schnell zur »Tagesordnung« zurückkehren wird, könnte entscheidend dafür sein, ob eine vierte Generation entsteht.[112]

Bisher radikalisieren und »vergiften« unreflektierte, wahhabitisch-saudische Lehren auf dem Rücken von Öldollars weltweit islamische Strömungen von Bosnien bis Indonesien. Selbst in

Deutschland gab es Konflikte um extremistische Lehrer und Inhalte der König-Fahd-Akademie in Bonn, die derzeit geschlossen wird; der Aussteiger Dominic Musa Schmitz berichtet von der Förderung deutsch-salafistischer Kreise aus saudi-arabischen Quellen.[113]

Doch gegen radikalisierende Umtriebe ihrer Lieferanten gehen ölhungrige Gesellschaften meist nur halbherzig vor, wie sie sich auch kaum für die Freilassung des liberalen Bloggers und dreifachen Familienvaters Raif Badawi (geb. 1984) einsetzen. Aufgrund seiner gar nicht einmal gegen Gott oder den Islam, sondern nur gegen fundamentalistische Religionsgelehrte gerichteten Blogposts wurde Badawi 2012 festgenommen und zu zehn Jahren Haft, einer Geldbuße und 1000 Peitschenhieben verurteilt, außerdem zum »Ungläubigen« und Terroristen erklärt. Seine Frau Ensaf Haidar konnte mit den Kindern nach Kanada fliehen, doch auch sein saudi-arabischer Anwalt Waleed Abu al-Kheir wurde inhaftiert und zu Haft, Geldbuße und Reiseverboten verurteilt.[114]

Doch weder diese Verbrechen noch zahlreiche Todesurteile und Hinrichtungen von sunnitischen und schiitischen Regimegegnern und auch nicht die aktive Beteiligung an einem blutigen sunnitisch-schiitischen Stellvertreterkrieg im Jemen haben westliche Mächte von ihrer Unterstützung und von Waffenlieferungen an Saudi-Arabien abhalten können – zu groß ist unsere Abhängigkeit vom Öl und zu verlockend sind die finanziellen Gewinne aus dem Verkauf von Waffen und Gütern.

Und obwohl 15 der 19 Attentäter des 11. September 2001 sowie der Al-Qaida-Begründer Osama bin Laden (1957–2011) saudi-arabische Staatsbürger waren, nahm selbst der erklärt islamkritische US-Präsident Donald Trump die Ölmonarchie nie in die Liste der Länder auf, gegen die eine zeitweilige Einreisesperre verhängt werden sollte. Schon im Wahlkampf hatte Trump freimütig erklärt: »Saudi-Arabien und ich kommen großartig miteinander aus. Sie kaufen Wohnungen von mir, geben 40, 50 Millionen US-Dollar aus. Wird erwartet, dass ich sie ablehne? Ich mag sie sehr gern.« Und noch einen Monat vor seinem Amtsantritt hatte Trump den japanischen Investor Masayoshi Son im Trump Tower feierlich begrüßt, der Investitionsgelder von über 60 Milliarden US-Dollar aus Saudi-Arabien und anderen arabischen Ölstaaten vor allem in Internetfirmen anlegen wollte.[115]

Die Kritik ebenfalls vom Wahhabismus bedrohter Muslime an der Doppelmoral des Westens ist also nicht von der Hand zu weisen: Wir beklagen einerseits das Anwachsen islamistisch-radikaler Bewegungen und die sunnitisch-schiitischen Bürgerkriege in Syrien, im Irak und im Jemen, stützen andererseits aber gerade das radikalste Regime der Region.

Ohne die Einnahmen aus dem weltweiten Ölverkauf und ohne den Schutz der energiehungrigen Westmächte würden das saudi-arabische Regime sowie viele islamisch-extremistische Bündnispartner weltweit innerhalb weniger Monate zusammenbrechen und sich die Chancen auf eine deradikalisierende »Entgiftung« des Islams erheblich verbessern. Und an diesem unguten Ölrentenbündnis – das einfachen Muslimen geradezu wie eine diabolische Superverschwörung erscheinen »muss« – haben eben nicht nur ferne Bonzen, sondern wir alle teil, wann immer wir das »schwarze Gold« tanken und verheizen. Dass China den Ausbau der Elektromobilität auch mit Quoten und Verboten voranzubringen beginnt, ist nicht nur eine Maßnahme zur Luftreinhaltung und Gesundheitsvorsorge, sondern auch eine Absage an die gewalthaltige Vergiftung des Islams. Europa, die USA und weitere Staaten wie Indien und Japan wären nicht nur umwelt-, sondern auch friedens- und religionspolitisch gut beraten, ihre Abhängigkeit von Öl und Gas so schnell wie möglich zu reduzieren.

3.2   Der Einfluss des schwarzen Giftes

Entsprechend der Rentierstaatstheorie haben auch andere mehrheitlich islamische Ölrentierstaaten wie Kuwait und Brunei ähnlich autokratische Regime wie Saudi-Arabien entwickelt, ebenso – mit einigen Abweichungen – auch ehemalige Sowjetrepubliken mit Ölfeldern wie Turkmenistan und Kasachstan. Auch der regionale Konkurrent und konfessionelle Gegenspieler der Saudis, der schiitisch dominierte Iran, stützt seine Macht auf Ölrenten. Er muss jedoch aufgrund der höheren Förderkosten und deutlich größeren Bevölkerung einige semi-demokratische Elemente wie Parlamentswahlen zwischen »genehmigten« Kandidaten akzeptieren und zumindest versuchen, Wirtschaft und Arbeitsplätze auch außerhalb der Ölförderung zu entwickeln.

Wie die wirtschaftlichen, politischen und schließlich auch kulturellen Strukturen eines Rentierstaates auf Religion(en) und Weltanschauung(en) wirken, lässt sich jedoch nicht nur an islamischen Traditionen, sondern auch zum Beispiel an der russisch-orthodoxen Kirche oder der sozialistischen Partei Venezuelas studieren. In allen Fällen »kaufen« sich die Herrschenden die religiöse und weltanschauliche Unterstützung für ihre autoritäre Herrschaft und drängen darauf, dass Demokraten und Reformer an den Rand gedrängt, ausgestoßen oder bisweilen auch ermordet werden. Umgekehrt bewahren die Rentierstaaten durch massive Einschränkungen der Religionsfreiheit ihre Verbündeten vor religiöser und weltanschaulicher Konkurrenz; denn die zwar gleißende, aber inhaltlich entleerende Ausrichtung der Staatsreligion an den Reichen und Mächtigen bleibt den Gläubigen nicht verborgen und löst Glaubenszweifel und religiöse Suchbewegungen aus.

Diese rentierstaatliche Ausformung des gesamten staatlichen, wirtschaftlichen und auch kulturell-religiösen Lebens an möglichst hohen Beuteeinnahmen der Herrschenden nennt die Wirtschaftswissenschaft »extraktive Institutionen«, die bis zu ihrem Zusammenbruch die gesamten Gesellschaften durchdringen. Nicht-Rentierstaaten wie Australien, Südkorea, Taiwan und Japan (das noch im 18. Jahrhundert Christen blutig verfolgte), inzwischen teilweise auch Indien und China konnten dagegen über Generationen und zähe Kämpfe hinweg stärker »inklusive Institutionen« entwickeln, die Unternehmertum, Bildung und Teilhabe samt Religionsfreiheit stärkten.[116] Gleichwohl befördern auch sie mit ihrem fossil befeuerten Wirtschaftswachstum den Öl- und Gashunger und damit die autoritären Regime in Rentierstaaten.

Nicht zufällig stehen heute islamisch geprägte Nationen ohne große Öl- und Gasvorkommen wie Pakistan, Bangladesch und Indonesien, aber auch das kleinere Tunesien an der Spitze der wirtschaftlichen und teilweise auch politischen Entwicklungen in der islamischen Welt. Der langjährige Vorreiter Türkei droht zwar nach wirtschaftlich dynamischen Jahrzehnten derzeit wieder in eine korrupte Autokratie auf der Basis von Rohstoffpipeline-Plänen sowie von Unterstützungszahlungen und Schmuggel zurückzufallen. Doch die dadurch andauernde wirtschaftliche Krise wird der türkischen Republik zum Problem.

Und selbst in Öl-Rentierstaaten wie Saudi-Arabien und Brunei werden die Stimmen derer lauter, die im Hinblick auf schwindende Einnahmen auf mehr inklusive Institutionen wie anwendbare Bildung und eine Einbeziehung auch von Frauen, auf eine Diversifizierung der Wirtschaft sowie auf Investitions- und damit Rechtssicherheit drängen.

3.3   Die Karbonblase der Hoffnung?

Der iranischen Menschenrechtlerin und Friedensnobelpreisträgerin Schirin Ebadi wird im Hinblick auf die verheerenden Folgen der Rentenökonomie der Stoßseufzer zugeschrieben: »Ich wünschte, es gäbe im Nahen Osten kein Öl und dafür mehr Wasser. Die Menschen wären dann viel glücklicher.«[117]

Doch womöglich zeichnet sich bereits ein Ausweg ab. Bis vor wenigen Jahren beherrschten noch Pessimisten die energiepolitischen Diskussionen, die unter dem Stichwort »Peak Oil« davor warnten, dass immer mehr Ölhunger auf langsam versiegende Ölquellen treffe. Als Folgen davon seien explodierende Energiepreise, märchenhafte Reichtümer für wenige Ölbesitzer und gleichzeitig Wirtschaftskrisen für den Rest der Welt zu erwarten.

Doch die seit Jahren sinkenden und niedrigen Ölpreise sprachen zuletzt eher für das optimistische Szenario des »Carbon bubble«, der Karbonblase: Demnach würden Ölförderer im Hinblick auf den Aufstieg erneuerbarer Energien und das drohende Ende der Verbrennungsmotoren noch so viel Erdöl wie möglich auf die Märkte werfen, bevor es seinen Wert verlöre. Die dadurch niedrigeren Energiepreise würden wiederum die Haushaltseinkommen und Wirtschaftsentwicklungen der Verbraucher weltweit beflügeln.

Ein drittes, für die islamisch-arabische Welt eher beunruhigendes Szenario präsentierte Ende 2015 die Internationale Energieagentur (IEA): Demnach führe gerade der seit Längerem niedrige Ölpreis dazu, dass kaum noch neue Ölquellen erschlossen würden und vor allem die Förderung teurer Vorkommen – etwa aus kanadischen Ölsanden – eingestellt würde. In wenigen Jahren könnten daher die Ölpreise wieder sprunghaft steigen – davon würden vor allem Länder mit günstigen Förderkosten wie die arabischen Rentierstaaten »profitieren«. Abgesehen von den negativen Folgen steigender Energiepreise für die Weltwirtschaft wären dann auch wieder eine Verhärtung der Rentierstrukturen und gar ein Rückschlag bei Reformen und Entwicklungswegen denkbar.[118]

Wie man es also dreht und wendet – der »Fluch des Öls« ist noch immer stark und er wird auch nicht von allein verschwinden, sondern kann noch unendlich viel wirtschaftlichen, gesellschaftlichen und auch religionsbezogenen Schaden anrichten. Die entschiedene Förderung einer dezentraleren Energieproduktion vor allem durch erneuerbare Energien und nachwachsende Rohstoffe, eine entschlossene Reduzierung des Ölverbrauchs und die Ersetzung der Verbrennungs- durch Elektromotoren käme nicht nur der Umwelt und Gesundheit der Menschen zugute, sondern würde auch menschenverachtende Autokratien, religiöse Extremisten und Terroristen schwächen sowie Bildungs- und Reformströmungen stärken, in der islamischen Welt und darüber hinaus.[119]

Wer sich also für Frieden, Dialog und Demokratie, für eine umweltschonende Wirtschaftsentwicklung, die Gesundheit von Menschen, Tieren und Pflanzen, für Rechtsstaatlichkeit, Bildung und kluge Reformströmungen in den Religionen einsetzen möchte, kann mit der Reduzierung des eigenen Erdölverbrauchs viel bewirken. Und umgekehrt: Wer nach lauten Klagen über Kriege und islamische Extremisten selbst Erdöl tankt und verheizt, finanziert die Unterdrücker und Terroristen direkt mit. Wir sind alle Teile des Ganzen.

4. Verschwörungsglauben
Die dunkle Seite der Religiosität

Wenn ein Imam das Prädikat »mutiger Reformer« verdient hat, dann wohl sicher Ludovic-Mohamed Zahed. Der in Algerien und Frankreich aufgewachsene Islamgelehrte vertritt nicht nur eine tolerante Auslegung seiner Religion, sondern ist auch selbst bekennend homosexuell. »Wir können nicht zum Hörer greifen und Herrn Islam anrufen, um ihn nach seiner Meinung zu fragen«, erklärte er. »Wir sind der Islam, wir gestalten unseren Glauben selbst.«

Entsprechend spricht er sich für die Stärkung der Menschen- und Freiheitsrechte und insbesondere für das Ende der Verfolgungen von Homosexuellen aus. Doch auf die Frage »Warum steckt der Islam in einer Krise?« hat auch dieser Denker und Imam nur Einflüsse von außen im Blick:

»Seit Jahrhunderten wurden Muslime kolonisiert, erst von Türken, dann von Briten und Franzosen. Als US-Präsident George Bush mehr Öl brauchte, marschierte er in den Irak ein, angeblich um die Demokratie zu bringen. Doch er brachte nur den Bürgerkrieg. Fast täglich passieren im Nahen Osten Anschläge. Dabei ist der Islam eigentlich eine friedliche und tolerante Religion.«[120]

Andere sind schuld. Immer. Dass der französisch-arabische Imam dabei auch die – später muslimischen – Türken als Kolonisatoren bezeichnet, ist ein interessantes Detail, das auf die bleibenden Spannungen zwischen den arabischen und nichtarabischen Muslimen in der Geschichtsdeutung verweist. Und doch bleibt das Grundmotiv erhalten: Der Islam sei »eigentlich eine friedliche und tolerante Religion«, das Krisenhafte und Böse komme von außen.

Historisch beantwortet dies natürlich die Frage nicht – denn wenn der lange selbst erobernde Islam nicht schon in einer Krise gesteckt hätte, wie hätte die islamische Welt dann von anderen »kolonisiert« werden können?

Auch beim berechtigten Hinweis auf die US-amerikanischen Ölinteressen fällt die gleichermaßen verkürzte Perspektive auf. Brauchte wirklich erst »US-Präsident George Bush mehr Öl« und löste damit Kriege aus? Unterdrückte nicht zuvor auch schon der sunnitische Öldiktator Saddam Hussein jahrzehntelang brutal sein Volk und eröffnete zur Eroberung weiterer Ölfelder Kriege mit Hunderttausenden von Toten gegen den Iran, gegen die Kurden und später Kuwait? Inwiefern sollen an diesen innermuslimischen Ölkriegen nichtmuslimische »Kolonisatoren« schuld gewesen sein?

Und zudem: Hatten nicht gerade die muslimisch-arabischen Herrscherhäuser aus Kuwait und Saudi-Arabien nach US-amerikanischen Armeen gerufen, um den sie bedrohenden Diktator in Schach zu halten? Hatte nicht gerade dies zur weiteren Radikalisierung von Gruppen wie der späteren Al-Qaida beigetragen?

Gerade weil Imam Zahed durchaus für theologisch mutige Forderungen steht, sind seine Thesen leider ein starkes Beispiel für den weitverbreiteten Glauben an eine vor allem westliche Superverschwörung (arabisch: *al-mu'amarah*) als Erklärung der Krise des Islams. Der syrisch-deutsche Politikwissenschaftler Bassam Tibi benannte diesen Glauben schon 1994 als »Trauma der arabischen Politik«. Bedrückt resümierte er:

»Eine Verschwörung, davon sind die Araber – gleich welcher politischen Orientierung – überzeugt, schmiede der Westen seit den Kreuzzügen gegen den islamischen Orient. [...] Warum pflegen die Araber diese Phantasie einer allgegenwärtigen *Mu'amarah*? Auf welchen kulturellen Wurzeln basiert diese politisch-psychologische Grundeinstellung? Alles, was einem an Niederlagen und Unerwünschtem widerfährt, wird als Verschwörung wahrgenommen. Warum aber sind immer die anderen schuld? Nicht nur in Kriegen, sondern auch bei wirtschaftlichen und sonstigen Angelegenheiten wird ein Misserfolg immer auf eine Verschwörung zurückgeführt.«[121]

Eine vorschnelle Ableitung allein aus der Theologie lehnt Tibi als Erklärungsansatz ab. So gebe es zwar durchaus die Vorstellung eines von Gott vorbestimmten Schicksals – Kismet –, aber ebenso auch Aufrufe des Korans an den Menschen »zu Aktion und Selbstverantwortung«. So ermahne die Heilige Schrift in Sure 13:11 zum Beispiel: »Gott verändert nichts an einem Volk, solange sich die Menschen nicht von sich aus verändern.«

Das Problem liege demnach, so Tibi, vor allem im derzeitigen Selbstbild von Arabern und Muslimen als subjektiv machtlos. Dies verleite dazu, »zur Erklärung von Ereignissen stets auf andere Kräfte zurückzugreifen. Das Verschwörungsdenken spricht sich selbst von der Verantwortung frei, weil es Mißstände und Mißerfolge stets als Ergebnis einer gegen sich selbst gerichteten Aktion der anderen deutet, die für alles verantwortlich gemacht werden.«[122]

Nun versteht sich aber der Wissenschaftler Tibi selbst als Araber und Muslim – was verallgemeinerte Aussagen über »die Araber« schon in sich widersprüchlich macht. Und tatsächlich reflektiert er, dass er selbst durch Bildung zu einer rational-analytischen Weltwahrnehmung gefunden habe.

»Erst in Europa habe ich gelernt, mich als ein freies Individuum zu begreifen und entsprechend als autonomes Subjekt zu denken. Gerade auch bei der Abfassung dieses Buches habe ich mich von der Vorstellung leiten lassen: Obwohl ich herkunftsmäßig Araber bin, denke ich über den Gegenstand der arabischen Politik als ein von mir getrenntes Objekt nach, das ich als ein freies Individuum als ›Ding an sich‹ zu erkennen versuche.«

Denn leider sei »die Aufklärungstradition, die einst rationalistische muslimische Philosophie des Mittelalters (Ibn Ruschd, Ibn Sina, al-Farabi etc.)« schließlich »im Keim erstickt worden«. Und seitdem habe »bedingt durch die politische Repression und den kulturellen Konservatismus keine Aufklärung mehr stattgefunden«.[123]

Selbstverständlich wurde und wird auch der Deutsch-Araber und Muslim Bassam Tibi selbst beschuldigt, Teil der antiarabischen und antimuslimischen Verschwörung zu sein. Schon in seinem Vorwort von 1993 zitiert er aus an ihn gerichteten Schimpf- und Drohbriefen Aussagen wie: »Die Deutschen hassen die Araber, deswegen holen sie so einen wie Dich« und: »Du hast ein deutsches Gehirn, bist ein Verräter.«[124]

Dabei spricht wissenschaftlich gesehen inzwischen einiges für Tibis damalige Thesen: Neuere Forschungen zum Verschwörungsglauben zeigen, dass ein kognitiver und kulturell vermittelter Zusammenhang zwischen schwacher Selbstwirksamkeitserfahrung (der Erfahrung, »nichts bewirken zu können«) und einem stärkeren Glauben an Verschwörungen besteht.[125]

Und in den ersten drei Kapiteln dieses Buches haben wir gesehen: Nicht irgendwelche theologischen Details, sondern das verhängnisvolle Verbot des Buchdrucks hat die islamische Gelehrsamkeit und die islamischen Selbstorganisationen im Gegenüber zur christlich-westlichen Geisteswelt erst erstarren und dann verfallen lassen. Tatsächlich fördert das Lesen vieler Bücher das abstrakte, auch skeptische und individuelle Denken, da dabei zahlreiche Begriffe, Erzählungen und Wissensformen gedanklich gebildet und miteinander in Beziehung gesetzt sowie gegeneinander abgewogen werden.[126] Wer vielfältig liest, verstärkt seine Fähigkeiten, sich in andere hineinzuversetzen und Phänomene aus unterschiedlichen Perspektiven zu betrachten.[127]

Sie selbst tun dies gerade bei der Lektüre dieses Buches; Sie konnten, um ein Beispiel zu nehmen, im Kapitel 3 über die politikwissenschaftliche Rentierstaatstheorie lesen, die auf Basis abstrakter Regeln und Annahmen erklären kann, warum ölreiche Staaten im 20. Jahrhundert zu autokratischen Regimen und zur Unterdrückung von Opposition und Rechtsstaatlichkeit tendierten. Eine solche Theorie setzt jedoch – so überzeugend sie auch sein mag – bereits reflexives Denken in unpersönlichen Begriffen, Strukturen und Zusammenhängen voraus. Wir Menschen werden stärker dazu tendieren, so abstrakt zu denken, wenn wir dies jahrelang – vor allem durch Lesen und Darüber-Diskutieren – eingeübt haben. Doch es war für unsere Vorfahren über Jahrhunderttausende viel relevanter und naheliegender, für Unglücksfälle vermeintlich Schuldige zu identifizieren.[128]

So gehört der Glaube an Hexen bis heute zu den verbreitetsten Formen des Verschwörungsglaubens, von dem in Teilen Afrikas, Asiens und Austronesiens noch immer jährlich Abertausende Menschen betroffen sind, oft mit sozialen oder sogar tödlichen Folgen. Und gerade auch in Mitteleuropa kehrte der von der frühen Kirche theologisch schon überwundene Hexenglaube im auslaufenden Mittelalter noch einmal zurück – und wurde mit dem Buchdruck (»Hexenhammer« ab 1486) zunächst befeuert! Vom 14. bis ins 18. Jahrhundert wurden in Europa und vereinzelt auch in dessen Kolonien Zehntausende unschuldiger Menschen unter dem Vorwurf verfolgt und hingerichtet, dass sie verschwörerische Hexen seien. Dem damals noch religiös, politisch, gesellschaftlich und auch medial stabilen Osmanischen Reich gelang dagegen die Zurückweisung dieses mörderischen Verschwörungsglaubens und damit die Verhinderung von Hexenverfolgungen.[129] Erst später begannen Muslime, Verschwörungsmythen aus dem Westen blind zu übernehmen.

Auch heute ist Verschwörungsglaube in den westlichen Gesellschaften weit verbreitet und begünstigt immer wieder das Aufkommen anti-liberaler und populistischer Bewegungen. Doch in den islamisch geprägten Gesellschaften haben Verschwörungsmythen – teilweise aktiv durch Regime, politische und religiöse Bewegungen verbreitet – sogar die Deutungshoheit über das Weltgeschehen gewonnen. Statt dem Vertrauen in internationale Institutionen und abstrakte Regeln sind deutliche Mehrheiten der Menschen muslimischer Herkunft weltweit überzeugt: Böse Menschen aus dem Westen reißen sich mithilfe korrupter Eliten die Öleinnahmen unter den Nagel und haben sich dazu gegen die wahren Muslime verbündet. Entsprechend steht das unterdrückte Gute (»der wahre Islam«, die Botschaft Gottes) einer weltweiten bösen Superverschwörung (der Freimaurer, der Zionisten, der US-Amerikaner, des Westens, letztlich des Satans selbst) gegenüber. Auch innermuslimische Gewalt und selbst ausdrücklich islamisch legitimierte Terroranschläge gelten dann nicht etwa als innerislamisches Problem, sondern als Untaten nichtmuslimischer Superverschwörer!

So bestritten noch 2011 – also im zehnten Jahr nach den Anschlägen des 11. September 2001 – 75 Prozent der ägyptischen und 73 Prozent der türkischen Muslime, dass der Terrorangriff gegen die USA überhaupt von Arabern durchgeführt worden sei. Auch im Libanon (60 Prozent), in Indonesien (58 Prozent), den Palästinensergebieten (68 Prozent) und in Israel (59 Prozent) gingen absolute Mehrheiten der befragten Muslime von einer nicht-arabischen Täterschaft aus. In keinem der sieben Länder akzeptierten mehr als 30 Prozent der Befragten, dass es ein islamisch-extremistischer Anschlag gewesen wäre; die Zustimmung dazu war gegenüber einer Befragung von 2006 sogar weiter gesunken.

Und entsprechend dieser von Verschwörungsmythen geprägten Wahrnehmung schätzten 68 Prozent der befragten Muslime »Westliche« als egoistisch ein, 66 Prozent als gewalttätig, 64 Prozent als gierig und 61 Prozent als unmoralisch. Befragte aus Russland, den USA und vier europäischen Nationen glaubten dagegen »nur« zu 35 Prozent, dass Muslime egoistisch seien, 50 Prozent hielten sie für gewalttätig, 20 Prozent für gierig und 23 Prozent für unmoralisch.

Und befragt nach dem »Fehlen von Wachstum in muslimischen

Nationen« benannten 53 Prozent der befragten Muslime »die Politik der USA und des Westens« als schuldig – die einzige Antwort, die von einer absoluten Mehrheit bejaht wurde. Dem stimmten dagegen nur 14 Prozent der Befragten im Westen zu. Diese hielten dafür zu 54 Prozent die korrupten Regierungen in der islamischen Welt für schuldig, wobei ihnen immerhin 49 Prozent der Muslime zustimmten. Einen »Mangel an Bildung« erkannten nur 36 Prozent in beiden Populationen als Grund. Und während 32 Prozent der Westlichen »islamischen Fundamentalismus« als Problem für das Wachstum benannten, stimmten dem wiederum nur zwölf Prozent der befragten Muslime zu.[130]

Hier wird deutlich, dass sich ein mehrheitlich akzeptierter, antiwestlicher Verschwörungsglaube mit leider ebenfalls wachsenden antimuslimischen Ressentiments im Westen bereits so weit gegenseitig bestärkt und voneinander entfernt haben, dass die gleiche Weltgeschichte und ihre Konflikte völlig unterschiedlich gedeutet werden. Immer mehr Nichtmuslime erwarten von »den Muslimen« eine deutliche Auseinandersetzung mit religiösem Extremismus im Namen des Islams; wogegen absolute Mehrheiten in den islamisch geprägten Ländern den Islam als missbraucht sehen und wiederum nichtmuslimische Superverschwörer für Extremismus, Terrorismus und überhaupt Gewalt verantwortlich machen. Warum sollten sie sich also schmerzhaft selbst in Frage stellen und von Terroristen im Namen des Islams – die sie für ferngesteuerte Handlanger halten – distanzieren?

Zum ersten Mal begegnete mir dieses Motiv Ende der 1990er-Jahre in den Diskussionen um den türkisch-extremistischen »Kalifatsstaat« des in Deutschland residierenden selbsternannten Kalifen Metin Kaplan. Spätestens nach einem Mordaufruf des »Kalifatsstaates« gegen einen internen »Gegenkalifen«, der dann 1997 ermordet wurde, sprach sich die Politik für ein Verbot des Verbandes aus. Dafür musste jedoch erst das deutsche Vereinsgesetz geändert werden, das – nach den bitteren Erfahrungen der NS-Zeit – eigentlich kein staatliches Verbot religiöser Vereine mehr vorgesehen hatte. Ich erinnere mich noch gut, wie ich in einem Gespräch mit Muslimen diesen rechtsstaatlichen Prozess darlegte, aber von einem jungen Erwachsenen mit einer viel einfacheren Gegenerzählung konfrontiert wurde: In Wahrheit »beschütze« doch der deutsche Staat diesen Kalifatsstaat, um die Muslime, den Islam und die Türkei »schlechtzumachen«!

Der Kalifatsstaat wurde 2001 verboten, Metin Kaplan nach langen Widerspruchsverfahren 2004 in die Türkei abgeschoben. Aus »gesundheitlichen Gründen« entließ ihn die türkische Justiz im November 2016 aus der Haft, parallel zur Verhaftung Abertausender »Putschisten« und Regimekritiker.[131]

Eine alternative, immer wieder zu hörende und zu lesende These zur Erklärung des Verschwörungsglaubens unterstellt Muslimen, diese neigten aufgrund ihrer Selbstwahrnehmung als von Gott eingesetzte Gemeinschaft dazu, noch in den geringsten Anlässen eine »Kränkung« zu erblicken und deswegen andere zu beschuldigen. Doch auch andere Gemeinschaften – etwa die römisch-katholische Kirche – beanspruchen für sich eine besondere Gottesnähe, auf die seit dem Zweiten Vatikanischen Konzil (1962–1965) andere Kirchen und Religionsgemeinschaften immerhin als »hingeordnet« gelten. Andere Völker wie beispielsweise die Japaner haben an traditionellen Familien- und Geschlechterrollen weitgehend festgehalten (vgl. Kapitel 5). Schließlich widersprechen auch Befragungsergebnisse diesem Befund: So meinten 40 Prozent der Türkeistämmigen in 2016, sie erhielten in Deutschland »etwas weniger« (29 Prozent) oder »sehr viel weniger« (11 Prozent) als ihren »gerechten Anteil«. Westdeutsche hatten der gleichen Aussage jedoch sogar zu 43 Prozent (34 Prozent: etwas weniger, neun Prozent: sehr viel weniger) und Ostdeutsche gar zu 61 Prozent (42 Prozent: etwas weniger, 19 Prozent sehr viel weniger) zugestimmt![132]

Für die Annahme, dass nicht nur formale Bildungsunterschiede, sondern auch damit verbundene Weltdeutungen eine Rolle spielen, sprechen dagegen neben den Befragungsdaten auch Vorgänge beispielsweise in der Türkei oder in Pakistan. So ist auffällig, dass der türkische Präsident Erdoğan das laut Verfassung für das Präsidentenamt vorgeschriebene Universitätsdiplom lange nicht vorlegen wollte. Das dann schließlich vorgelegte Dokument stieß im türkischen Parlament und in der Öffentlichkeit auf massive und gut begründete Zweifel, denen jedoch mangels einer unabhängigen Justiz nicht nachgegangen werden konnte. Umgekehrt wetterte Erdoğan besonders oft und laut gegen Akademiker und »Intellektuelle« als vermeintliche Verschwörer, attackierte Bildungsbewegungen und kritische Wissenschaftler, votierte für eine Rückkehr zur osmanischen Schrift und ließ die eigentlich nur für den Predigernachwuchs gedachten Imam-Hatip-Schulen ausbauen. Eine solche traditional-islamisch strukturierte Einrichtung hatte auch er selbst einst besucht – und ihr Abschluss hatte damals eigentlich gar nicht zum Besuch einer Universität berechtigt.[133]

Nicht weniger bemerkenswert muteten die Vorgänge nach dem Terroranschlag der Taliban gegen Malala Yousefzai in Pakistan an. Die Tochter eines Lehrers hatte seit 2009 – im Alter von damals elf Jahren – bei der BBC anonym über ihr Schicksal und den Wunsch nach Bildung gebloggt. Ihr Name wurde bekannt, als sie in den Niederlanden 2011 für den »Internationalen Kinderpreis« nominiert worden war. Nachdem sie diesen dann doch nicht erhalten hatte, stiftete die Regierung Pakistans kurzerhand einen eigenen »Nationalen Friedenspreis der Jugend« und verlieh ihn ihr im gleichen Jahr. Doch nachdem einige Taliban am 9. Oktober 2012 auf Malala und Mitschülerinnen geschossen hatten, sie mit lebensgefährlichen Verletzungen nach Großbritannien ausgeflogen wurde und 2014 den Nobelpreis erhielt, änderte sich die Stimmung in der großen, islamisch geprägten Nation. Einige Zeitungen behaupteten, dass das Mädchen eine »Agentin der CIA« sei oder dass ihr Vater das Attentat eingefädelt habe, um sie berühmt zu machen. Während Malala nach der Zurückweisung durch den niederländischen Kinderpreis zur pakistanischen Heldin avancierte, wurde ihr nun vorgehalten, der Nobelpreis sei »Teil einer westlichen Verschwörung«. Die Präsentation ihrer Biografie wurde von den pakistanischen Behörden »aus Sicherheitsgründen« abgesagt. Der Präsident des pakistanischen Privatschulverbandes rief einen »Ich-bin-nicht-Malala-Tag« aus und verbot ihr Buch in den Schulen. Der Vorwurf: Das Mädchen – das sich nach wie vor als Muslimin versteht und auch Kopftuch trägt – habe »den Islam nicht ausreichend respektiert«! Was widersinnig klingt, ergibt aus der Perspektive des Verschwörungsglaubens Sinn: Das Attentat der Taliban sowie die Verleihung des Nobelpreises hatten Pakistan eine schmerzhafte Debatte beschert – und gerade auch der ohnehin bedrohte Verband mit all seinen Schulen war dadurch in akute Gefahr geraten, von noch mehr Muslimen als Agent westlicher (Bildungs-)Verschwörung wahrgenommen zu werden.[134]

Dass sich schließlich in Nigeria eine machtvolle Terrorgruppe mit Berufung auf den Islam sogar ausdrücklich »Boko Haram«, übersetzt: »Westliche Bildung ist Sünde«, nannte und unter dem Vorwurf der antiislamischen Verschwörung Hunderte von Schulen, insbesondere für Mädchen, attackierte, sei in diesem Zusammenhang nochmals erwähnt.[135]

Es ist also naheliegend, die scharfen Konflikte zwischen islamischer und westlicher Welt als Ringen zwischen »Bildungskulturen« zu verstehen, wie es auch Reiner Klingholz und Werner Lutz vorgeschlagen haben.[136] Und dabei geht es gerade nicht nur darum, dass Muslime im Durchschnitt noch einen Alphabetisierungs- und Bildungsrückstand aufzuholen hätten, wie es beispielsweise Japaner, Taiwanesen und Südkoreaner eindrucksvoll vollbracht haben. Das Problem liegt vielmehr schon darin, dass akademische

Bildung und säkulare, bildungsbezogene Aktivitäten inzwischen von sehr vielen, insbesondere religiös aktiven Muslimen ihrerseits unter Verschwörungsverdacht gestellt werden.

»An unserem Niedergang sind westliche Verschwörungen schuld – und deswegen kann auch jede Form des Dialoges und der westlichen Bildung wiederum ein Teil dieser Verschwörung sein!« Dieses sehr verbreitete Denken führt in einen Teufelskreis, der nicht erst die Religions-, sondern schon ganz grundlegend die Bildungs- und Erzählkulturen auseinandertreibt und letztlich jeden Dialog abblockt.

Wohlgemerkt: Auch christliche Kreationisten versuchen ihre Kinder vor Weltwissen wie der Evolutionstheorie »zu schützen« und die extrem kinderreichen jüdischen Haredim versuchen ihre Lebenswelten und ihre eigenen Schulen im Unterschied zu den modern Orthodoxen möglichst konsequent von »weltlicher« Bildung freizuhalten.[137]

Im derzeit unter Muslimen verbreiteten Verschwörungsglauben werden das im Westen anwachsende Wissen und die daraus erwachsenen Technologien einerseits begehrt, andererseits aber als diabolisch-verschwörerisch gedeutet. Entsprechend haben Bildungsaufsteiger einerseits innere Widersprüche aufzulösen, zum anderen aber Verschwörungsvorwürfe aus den eigenen Reihen zu befürchten. Beispielhaft dafür erinnere ich mich an zwei junge Studenten aus der Hizmet-Bewegung, die sich von mir das gemeinsam mit dem Biologen Rüdiger Vaas verfasste Buch »Gott, Gene und Gehirn« zur Evolution der Religiosität signieren ließen. Sie hatten als angehende Naturwissenschaftler längst verstanden, dass zwischen Religion und Wissenschaft kein unüberbrückbarer Widerspruch besteht. Doch als während unseres Gespräches ein älterer »Abi« ihrer Bewegung den Raum betrat, versteckten sie das Buch hastig und verschämt, als hätten sie etwas Verbotenes getan. Sie konnten mit mir als Außenstehendem freier über Evolution sprechen als mit den Älteren der eigenen Bewegung! So verschärft und verlängert die Angst vor der Wissenschaft die Bildungs- und auch Identitätskrisen vieler Muslime.

Verstärkend kommt hinzu, dass der »Lesemangel« bis heute in weiten Teilen der islamischen Welt noch kaum als historischer Grund der Krise des Islams verstanden ist. Für die allermeisten Muslime steht noch immer der weitgehend kritiklos tradierte Stolz über eine vermeintlich »goldene Zeit« des Islams und der eigenen »Nation« samt militärischer Eroberungen unvermittelt und un-erklärt neben Erfahrungen der Demütigung und des Niedergangs. Ein konstruktiv-kritischer Blick auf die Geschichte der islamischen Zivilisationen, der Stärken ebenso wie Schwächen benennt, hat sich noch kaum entwickelt und wird von den autoritären Regimen der Region im Übrigen auch überhaupt nicht gewünscht.

In arabischen Schulbüchern wie dem ägyptisch-staatlichen »Die islamische Kultur und die Geschichte der Araber« von 2009 wird die islamische Blütezeit entsprechend unkritisch gefeiert, ohne auch auf Fehler und Schwächen einzugehen. Eroberungen durch islamische Heere werden durchgehend positiv als *Fatih*, als Öff-nung im Namen Gottes, beschrieben. Die muslimischen Angreifer erscheinen entsprechend als gerechte und wohlwollende »Öffner«, die den »geöffneten« Völkern nicht nur die wahre göttliche Lehre, sondern auch wissenschaftliche und technologische Kenntnisse gebracht und ihnen zudem Religionsfreiheit zugestanden hätten. Dagegen erscheinen, beginnend mit den schließlich zurückge-schlagenen Kreuzzügen von 1096 bis 1291, westliche Eroberungen durchweg als brutale, ungerechte und ausbeuterische Invasionen *(ghazw)*. Die sehr viel verheerenderen Zerstörungen der Mongo-len und die über 500 Jahre vor allem osmanischer Vorherrschaft über große Teile der arabischen Welt werden nur gestreift, um wieder ausführlich den Ägyptenfeldzug des Franzosen Napoleon Bonaparte (1769–1821) von 1798 bis 1801 als Beginn der schmach-

vollen Kolonisation zu beklagen. Über die Gründe, warum schon
eine einzige, europäische Nation das große Ägypten niederwerfen
konnte, gibt es keine Reflektion. Stattdessen mündet die Schilde-
rung schließlich in der »Gründung Israels als Ergebnis einer westlichen Verschwörung«, wobei vom europäischen Antisemitismus
und vom Holocaust nichts zu lesen ist. Auch von innerislamischen
Versäumnissen und Reformbedarfen findet sich nichts. Den Schul-
kindern wird so ein Geschichtsbild voller Trauer um vergangene
Größe und Hass auf heutige, westliche und vor allem jüdische
»Verschwörer« vermittelt – ohne lernen zu können, was sie selbst
zur Mehrung des Wissens und zur Verbesserung ihrer Gesellschaften einmal beitragen könnten.

Saudi-arabische Schulbücher vermitteln ein noch stärker ver-
kürztes Geschichtsbild, ergänzt um Formulierungen wie:»Die Af-
fen sind die Juden, die Leute des Sabbats, und die Schweine sind
die Christen, die ungläubigen Anhänger Jesu.« Und wir sprechen
hier bereits von Schulbüchern, die nach den Terrorangriffen des
11. September 2001 angeblich »entschärft« worden seien![138]

Auch Türken und Deutschtürken haben diese vorherrschende
Geschichtsdeutung bislang selten hinterfragt. Dabei hatte beispielsweise bereits Martin Luther die Aggressivität »des Türken«
beklagt, der »nicht aus Not oder um den Frieden seines Landes zu
schützen« Krieg führe, sondern »wie ein Pirat oder Straßenräu-
ber« andere Länder angreife, »die ihm doch nichts tun oder getan haben«. Luther deutete die Angreifer daher »als Gottes Rute
und Teufelsdiener, das hat keinen Zweifel«. Entsprechend hielt er
Kreuzzüge gegen die Türken für wirkungslos; nur Buße, Gebet und
die Reformation des eigenen Glaubens könnten die Christenheit
bewahren. Daher förderte er im Sinne einer geistigen Auseinandersetzung die Übersetzung und den Druck des »Alkoran« und
lobte durchaus das sittlich-religiöse Leben der Muslime. »Sie trinken nicht Wein, saufen und fressen nicht so, wie wir es tun, kleiden

sich nicht so leichtfertig und fröhlich, bauen nicht so prächtig und protzen auch nicht so.«[139]

Nahezu regelmäßig treffe ich unter religiösen Muslimen auf genuine Verblüffung, wenn ich mich erkundige, wie denn der Stolz über osmanische Angriffskriege und gar die Benennung von Moscheen nach militärischen Eroberern wie Sultan Fatih Mehmet oder nach eroberten Kirchen wie der Hagia Sophia mit der Klage über Kreuzzüge, Kolonisatoren und Imperialisten zusammenpasse.

Entsprechende Fragen habe ich sowohl im direkten Gespräch wie auch digital immer wieder erprobt. Dazu erläuterte mir beispielsweise der Deutschtürke Senol K. in einer öffentlichen Facebook-Diskussion in der Nacht vom 13. auf den 14. März 2017: »Imperialismus war nie das Streben des Osmanischen Staates. Der Osmanische Staat hat die von ihr [sic] verwalteten Gebiete nicht ausgebeutet und die Bevölkerung ausgerottet, wie manch andere das zuvor gemacht haben.«

Ein weiterer Deutschtürke, Mehmet S., sprang ihm bei: »Ich finde die Eroberung von Istanbul voll dufte. Warum soll ich das denn bedauern? Wenn auch die anderen die Menschen so gerecht gewesen wie wir, wäre ich nicht so stolz auf das Osmanische Reich.«

Auch die Sklaverei sei im Osmanischen Reich »gerecht« ausgeübt worden; an der »Knabenlese« von nichtmuslimischen Jungen für die Janitscharen hätten sich die meisten nichtmuslimischen Familien »freiwillig« beteiligt und die Osmanen hätten den Unterworfenen auch noch »Religionsfreiheit« zugestanden. Meinen Einwand, dass es gerade mit dieser Religionsfreiheit heute in den früheren Gebieten des Osmanischen Reiches schlechter als in der westlichen Welt bestellt sei und auch deswegen Millionen Muslime als Zuwanderer und Flüchtlinge in Europa Schutz und Freiheit suchten, ließ Mehmet S. wiederum nicht gelten:

»Die Religionsfreiheit: Muslime werden für alle Probleme Europas verantwortlich gemacht. Immerhin haben Christen einige

Flüchtlinge aufgenommen, nachdem Christen die Länder der Flüchtlinge zerstört haben. Ist das nicht nett?«

Senol S. war sich sicher, dass auch für innerislamische Kriege stets ausländische Verschwörer verantwortlich zu machen seien: »Auch der Krieg zwischen Iran und Irak wurde vom Westen und von der Sowjetunion angeheizt und befeuert. Die Besatzung Kuwaits war eine Falle der USA, in die Saddam reingetappt ist. So war es ihnen möglich, die Ölreserven Iraks unter ihre Kontrolle zu bringen.« Auch mein Hinweis, dass es doch schon zu Zeiten der ersten Kalifen blutige Kriege und Attentate innerhalb der Muslime gegeben habe, später jahrhundertelange Fehden zwischen Osmanen, Arabern und Persern, vermochte zunächst noch kein Nachdenken auszulösen.

Auf meine Nachfrage, wie Senol K. sich denn dann den Niedergang des doch vorgeblich so gerechten und nahezu perfekten Osmanischen Reiches erkläre, verschlechterte sich seine eigentlich vorzügliche Rechtschreibung – möglicherweise ein Hinweis auf eine gewisse, emotionale Erregung:

»Zu dem Niedergang des Osmanischen Staates wurden mehrere Doktorarbeiten mit hunderte von Seiten geschrieben, es hier in einem Zug erklären zu wollen, würde den Rahmen sprengen. Nur soviel, Lawrence war nicht der einzige Agent, der Aufstände gegen den Osmanischen Staat organisiert hat. Die hiesigen, von Zionisten gesteuerten Medien im Osmanischen Reich, sowie die Weigerung einiger Sultane, sich dem Fortschritt zu öffnen und das eigene Drohpotenzial zu erweitern, bzw. zu erneuern, haben mit sicherheit ihren teil dazu beigetragen.«

Auch Mehmet S. mochte nun nicht mehr an sich halten und wurde persönlich, ebenfalls mit eingetrübter Orthographie: »Es ist fakt, dass Zionisten eine Rolle in der zeit des Niedergangs des Osmanischen Reiches gespielt haben. Abgesehen davon bin ich nicht auf Zionisten fixiert. Es müssen alle Peiniger der Welt erwähnt

werden. Die Missionare anderer Religionen haben nun einmal
eine besonders niederträchtige und hinterlistige Art, weil sie sich
der Unwahrheit verpflichtet haben. Ich habe das an zig Beispielen
erklärt. Blume würde sich nie so ins Zeug legen, um Menschen zu
helfen, die Hilfe brauchen.«

Als weitere Verschwörergruppe neben »Zionisten« und »Missio-
naren anderer Religionen«, die sich allesamt der »Unwahrheit verpflichtet« hätten, schob Mehmet S. in einer Nachbemerkung auch
noch »Freimaurer« nach.[140]

Die Verschwörungserzählung ist insbesondere, aber nicht nur
unter den religiöseren Muslimen so weit verbreitet, dass Sie es auch
selbst im persönlichen Gespräch oder in einem beliebigen digitalen Medium ausprobieren können: In den meisten Fällen werden
Sie auf das Hinterfragen der jeweils vermeintlich »goldenen Zeit«
des Islams von bekennenden (nicht unbedingt praktizierenden)
Muslimen Antworten mit massiven Verweisen auf die vermeintlich höhere Moral der damaligen islamischen Eroberer erhalten.
Die Verärgerung wird bei Nachfragen etwa zu den innerislamischen Kriegen, der Sklaverei, den Kinderpressungen der Janitscharen oder den Massakern an ethnischen und religiösen Minderheiten wie Yeziden oder Armeniern weiter steigen. Früher oder später werden Sie auf »zionistische« und »missionarische«, häufiger
aber auch »freimaurerische«, mindestens aber US-amerikanische
und »westliche« Superverschwörungen hingewiesen – oder gleich
selbst beschuldigt, ein Teil derselben zu sein. Hier unterscheiden
sich die Deutungen der Weltgeschichte so fundamental und emo-
tional, dass ein ernsthafter Dialog dazu leider noch kaum eröffnet
wurde.

Obwohl auch Senol K. »die Weigerung einiger Sultane, sich dem
Fortschritt zu öffnen«, durchaus als Problem des späten Osmanischen Reiches benannte, stand diese Deutung für ihn im Zusammenhang mit nachlassender militärischer und politischer Stärke,

konkret der Unfähigkeit, »das eigene Drohpotenzial zu erweitern bzw. zu erneuern«. Wissenschaft und Bildung erscheinen in dieser Perspektive also nicht als Mittel auch der Selbsthinterfragung und -verbesserung, sondern als bloße Machtmittel im vermeintlich ewigen Kampf des »guten« Islam gegen die »bösen«, verschwörerischen Nichtmuslime – unter denen Senol K. aber wiederum selbst (und nach eigenen Angaben »gut«) lebt.

Als Ausdruck dieser verschwörungsgläubigen Verständnis- und Identitätskrise kann beispielhaft die Predigt vom 23. Dezember 2016 in der türkisch-sunnitischen Zahid-Kotku-Moschee Milli-Görüş-Bewegung in Berlin gelten. Der Terroranschlag des tunesischen IS-Anhängers Anis Amri, der mit einem Lastwagen zwölf Menschen auf dem Berliner Breitscheidplatz tötete, wie auch die Erschießung des russischen Botschafters in Ankara durch einen türkischen Polizisten als Rache für den vor allem innerislamischen Bürgerkrieg in Syrien hätten reichlich Anlass zur Reflektion gegeben. Doch der Imam hatte auch theologisch nicht mehr als gestammelte Verschwörungsvorwürfe zu bieten: »Was ist IS? IS ist ausländisch. Wer ist ausländisch? Wir werden darüber erzählen, so Gott will. Wenn wir dann noch die Zeit haben, wovon ich allerdings nicht ausgehe, möchte ich noch über etwas sehr Wichtiges sprechen, nämlich über die Gefahr von Weihnachten. [...] Wer ist der IS? Sie geben vor, Muslime zu sein und den Islam zu leben.« Doch schon hinter der »Schlacht von Siffin« (657) zwischen Ali und Muawwiya habe eigentlich »der große Jude, der Ungläubige Amr ibn-al As« gesteckt. Statt auch nur ein einziges Mal Mitleid mit den Terroropfern auszudrücken, definierte der Berliner Imam seine Gemeinde als die eigentlichen Opfer, nämlich der der zeit- und weltumspannenden Superverschwörung: »Wegen solcher Menschen werden wir alle verleumdet.«[141]

Dabei ist es ein ebenso interessantes wie trauriges Detail, dass der hier beschuldigte Prophetengefährte Amr ibn-al As auch nach der islamischen Überlieferung gerade kein Jude, sondern ein nicht-jüdischer Araber aus dem gleichen Stamm wie Muhammad selbst – den Qureisch – gewesen ist. Die Beschimpfung des Heerführers als »großer Jude« deutet vielmehr darauf hin, wie tief antijüdische Verschwörungsmythen bereits in die islamische Theologie und Geschichtsdeutung eingedrungen sind – auch mitten in Berlin.

Eine selbstkritische Deutungs- und auch Trauerarbeit um die Schwächen und die vergangene Größe der islamisch geprägten Zivilisation hat dagegen bislang weder in religiösen noch in säkularen Kreisen wirklich stattgefunden; wer sich etwa als Wissenschaftler oder Schriftsteller dennoch daran wagt, riskiert viel. Beispielhaft benennt Bassam Tibi den palästinensisch-christlichen Historiker und Bildungsaktivisten Anis Sayigh (1931–2009), der aufgrund eines kritischen Buches zu den Verschwörungsmythen rund um das Sykes-Picot-Abkommen durch eine Briefbombe schwer verletzt worden sei.[142] Doch Sie ahnen es: In heutigen muslimischen Medien herrscht die Auffassung vor, auch dieser Anschlag sei gar nicht innerarabisch aufgrund von Sayighs kritischen Forschungs- und Bildungsarbeit erfolgt, sondern von Israel ausgegangen ...[143]

Deutlich wird: Die derzeit vorherrschenden Verschwörungsmythen in der islamischen Welt sind nicht zwangsläufig aus der islamisch-religiösen Theologie erwachsen, sondern aus der tiefen und bis heute nicht aufgearbeiteten Bildungskrise. Sie richten sich zwar vor allem gegen »den Westen« und insbesondere Juden und US-Amerikaner. Doch sie lähmen und zerstören auch die dringend notwendigen Bildungs-, Dialog- und Kritikprozesse innerhalb der arabischen und islamischen Welt. Wo Prediger jedes Scheitern auf fremde Verschwörungen zurückführen und Politiker jeden Andersdenkenden der Teilnahme an Verschwörungen bezichtigen, kann kein ernsthafter demokratischer Diskurs und können vor allem auch keine fairen Wahlen mehr stattfinden. Wo auch wissen-

schaftlich Forschende und Lehrende immer damit rechnen müssen,
der Beteiligung an der westlichen Superverschwörung geziehen zu
werden, können keine wirklich offenen Diskussionen entstehen.
Und wo wieder und wieder behauptet wird, dass die Weltgeschicke
durch eine böse Macht bestimmt werden, wird schließlich auch
eine theologisch-religiöse Krise des Monotheismus (des Glaubens
an nur eine Gottheit) sichtbar. Denn wenn schon Prophetengefähr-
ten der Beteiligung an einer Superverschwörung bezichtigt werden,
wie kann dann überhaupt noch irgendeine islamische Tradition ihrer selbst gewiss sein?

4.1   Der Verschwörungsglaube als Krise des Monotheismus

Wenn wir Menschen an »Religion« denken, so assoziieren wir damit meist Menschen, die den vertrauenden Glauben auf eine gute
Gottheit, einen Erlöser bekennen. Doch schon der Entdecker der
Evolutionstheorie, Charles Darwin, merkte durch sein Schriftstu-
dium wie auch durch seine Reisen, dass »der veredelnde Glaube
an die Existenz eines allmächtigen Gottes« erst durch Kultur und
Bildung entwickelt und erhalten werden könne. Vielmehr stehe am
Anfang der Evolution von Religion der Glaube an bedrohliche höhere Wesen, »denn Wilde werden naturgemäß Geistern dieselben
Leidenschaften, dieselbe Lust zur Rache oder die einfachste Form
der Gerechtigkeit zuschreiben, welche sie selbst in sich fühlen«.
Entsprechend finde sich bei ihnen »der Glaube an böse Geister
bei Weitem gewöhnlicher als der Glaube an gute«. Zum Beispiel
warnte Darwin vor »schaudervollen« Formen des »Aberglaubens«
wie dem »Menschenopfer an eine blutdurstige Gottheit, das Über-
führen unschuldiger Personen durch Gottesgerichte mit Gift oder
Feuer, Zauberei usw.« Dagegen räumte er als studierter Theologe
ein, dass die »Perfektion« vieler religiöser Lehren auch »teilweise

von den Interpretationen abhängt, die wir Metaphern und Allego-
rien auferlegen«.[144]

Tatsächlich berichten die Überlieferungen der großen Weltreligionen wieder und wieder von den Schwierigkeiten, hochentwi-
ckelte religiöse Überzeugungen vor dem Rückfall in die Unwissenheit zu bewahren, sowie von der Auseinandersetzung mit blutigen
Formen des »Götzendienstes«. Entsprechend warnt die islamische
Tradition unter dem Begriff der Dschahiliya (arabisch: »Unwissenheit«) vor dem Rückfall in den Polytheismus. Hierbei ist nicht
nur etwa an die massenhaften Menschenopfer von Maya und Az-
teken zu denken, sondern auch an die Liebes- und Kriegslust der
griechisch-antiken Götter, die eben keine höhere Moral vorlebten.
Nach dem Selbstverständnis von Juden, Christen und Muslimen
verkörpert sich im abrahamitischen Monotheismus – dem Glauben an nur eine Gottheit, die sich dem gemeinsamen Stammvater
Abraham offenbart habe – der Durchbruch zu einem absolut Guten, auch wenn dieses für uns nie ganz erkennbar und erreichbar
sein mag.

So wird beispielsweise das von Gott erst geforderte, dann ver-
hinderte Sohnesopfer ebenjenes Abraham gemeinhin als Glau-
bensprüfung und zugleich als endgültige Abschaffung des religiösen Menschenopfers gedeutet. Bedeutende Denker wie Gotthold
Ephraim Lessing (1721–1789) verstanden daher das auch in der
Bibel zu findende religiöse Ringen mit Gott und um zunehmend
freundliche Gottesvorstellungen als Teil der »Erziehung des Men-
schengeschlechtes« (1780). Gerade der Aufruf im Koran an die
verschiedenen Religionen zum »Wetteifern im Guten« (Sure 5:48)
inspirierte Lessing zu seinem bekanntesten Stück »Nathan der
Weise«, in dem Juden, Christen und Muslime aneinander in Tole-
ranz und Wissen wachsen.[145]

Doch bei solchen optimistischen Deutungen der Religionsgeschichte wird gern vergessen, dass die angeborenen Neigungen der

Menschen, auch oder sogar nur an die Gegenwart böser Mächte zu glauben, nie verschwinden – ob man diese nun evolutionspsychologisch aus der »instinktiven Wahrnehmungspräferenz«, jüdisch aus dem »Jezer Hara«, christlich aus der »Erbsünde« oder islamisch aus dem »Nafs al-Ammara« ableiten will. Die Faszination für das Böse und die Neigung, ihm mehr und mehr Macht zuzuschreiben, gehört zu unserem evolutionären Erbe.[146]

Tatsächlich teilen alle extremistischen und gewalttätigen Bewegungen der Menschheit – ob nach ihrem Selbstverständnis religiös oder säkular – eine Gemeinsamkeit: Sie behaupten, sich gegen eine monströse Superverschwörung »zu verteidigen« und also zur Gewalt greifen zu »müssen«. Ob ein Rechtsextremist ein Flüchtlingsheim in Brand steckt, eine Linksextremistin eine Briefbombe versendet oder ein religiöser Extremist Andersgläubige angreift, weil sie »im Dienste des Teufels« stünden: Stets werden die Taten als »Notwehr« gegen eine vermeintlich drohende Gefahr durch böse, verschwörerische Mächte gerechtfertigt.

Der jüdische Gelehrte Lord Jonathan Sacks spricht sogar von einem »pathologischen Dualismus«, der nicht nur behauptet, Gut und Böse absolut unterscheiden zu können, sondern der das Gute nur auf die eigene und das Böse nur auf die andere Menschengruppe projiziert. Pathologische Dualisten mögen den Glauben an einen guten Schöpfergott bekennen und darauf hoffen, im Jenseits dorthin zu gelangen. Doch zugleich glauben sie, dass eigentlich die Mächte des Bösen diese Welt kontrollieren, und begegnen ihr mit Verachtung und Zerstörungslust. Dies sei, so der langjährige Oberrabbiner – durchaus selbstkritisch auch gegenüber der eigenen Tradition –, die Gefahr aller Weltanschauungen und aller Religionen und die Wurzel aller religiös legitimierten Gewalt.[147]

So ermordete am 25. Februar 1994 ein jüdisch-israelischer Sanitätsoffizier namens Baruch Goldstein (1954–1994) am Grab Abrahams in Hebron mit einem Sturmgewehr 29 Palästinenser und verletzte 150 weitere, bevor ihm die Munition ausging und er von wütenden Überlebenden erschlagen wurde. Doch diese furchtbare Tat führte bei vielen jüdischen Radikalen nicht etwa zu einem Nachdenken – vielmehr bildete sich der Verschwörungsmythos, dass Goldstein durch dieses Massaker eigentlich einen palästinensischen Angriff verhindert habe! Um ihren »faulen Frieden« mit den Palästinensern zu wahren, habe jedoch die israelische Regierung entschieden, diese »Heldentat« zu vertuschen; ein radikaler Rabbiner feierte Goldstein gar als »Märtyrer« und sein Grab wurde zu einer Pilgerstätte von Extremisten. Der israelische Ministerpräsident Jitzchak Rabin (1922–1995) verurteilte die Tat dagegen öffentlich und zog damit den Hass der Verehrer Goldsteins auf sich. Am 5. November 1995 warb Rabin auf einer großen Kundgebung unter dem Motto »Ja zum Frieden, Nein zur Gewalt« für einen israelisch-arabischen Friedensvertrag. Als er das Rednerpult verließ, wurde er von einem jüdischen Goldstein-Verehrer ermordet. Dieser glaubte ernsthaft, dass der gewählte Ministerpräsident Israels eigentlich ein Verschwörer »gegen« Israel sei und also im Namen Gottes hingerichtet werden müsse.[148]

Und dies ist kein Einzelfall in der Geschichte: Auch der Bürgerrechtler und Baptistenpastor Martin Luther King (1929–1968) wurde von einem Mitchristen ermordet; der für den Frieden mit Muslimen eintretende Mahatma Gandhi (1869–1948) von einem radikalen Hindu; der für Frieden mit Israel arbeitende ägyptische Staatspräsident Anwar as-Sadat (1918–1981) von einem Mitmuslim und der für Frieden mit den nichtbuddhistischen Tamilen werbende ceylonesische Ministerpräsident Bandaraneike (1899–1959) von einem buddhistischen Mönch. Der Verschwörungsglaube wendet jede Religion und Weltanschauung, die von ihm befallen sind, am Ende gegen sich selbst.

Beispielhaft für diese Krise des Monotheismus stand Anfang 2016 auch der junge Deutsche und langjährige Drogenabhängige

Nils D. vor dem Düsseldorfer Oberlandesgericht. Er hatte sich nach einer schnellen »Bekehrung« der »Lohberger Brigade« des »Islamischen Staates« angeschlossen und an Verbrechen beteiligt. Der Gerichtsreporter berichtet:

»Dann erzählt er, dass er mit seinem Cousin Philip, der schon 2010 zum Islam fand, heftig gestritten habe. Ob er beweisen könne, dass es Gott gibt. ›Konnte er natürlich nicht‹, sagt D. grinsend. Zum Islam will er schließlich durch eine sechzigteilige Internetdokumentation über die Illuminaten gefunden haben. Durch ein verschwörungstheoretisches Machwerk will D. erkannt haben, dass es den Teufel gibt. ›Und daraus habe ich dann geschlussfolgert, dass es automatisch auch einen Gott geben muss.‹«[149]

Hier wird tatsächlich deutlich, dass im pathologischen Dualismus der gern bekannte Glaube an eine gute Gottheit gar nicht im Mittelpunkt steht, sondern dass eigentlich der Glaube an ein weltbeherrschendes Böses, gegen das zu kämpfen ist, die Glaubensidentität strukturiert! Verschwörungsgläubige mögen zwar noch den Glauben an die Allmacht des »guten« Gottes bekennen, schreiben jedoch in Wirklichkeit das Weltgeschehen dem Wirken einer vom Bösen beherrschten Superverschwörung zu. Nils D. glaubte nicht zuerst an Gott, sondern an die Superverschwörung von »Illuminaten« – sein Glaube war nicht monotheistisch, sondern dualistisch strukturiert.

Ein 26-jähriger irakischer IS-Kommandeur mit dem Kampfnamen Abu Dschihad bildete ein noch drastischeres Beispiel eines solchen pathologischen Dualismus. Als Jan Ilhan Kizilhan in einem kurdischen Gefängnis den Kriegsgefangenen traf, hoffte dieser noch immer darauf, »im Krieg zu sterben«, um als islamischer *Schahid* aus dieser Welt direkt ins Paradies zu gelangen. Entsprechend bereitwillig berichtete er von seinem Kommando über 32 IS-Kämpfer auch »aus Afghanistan, Deutschland, der Türkei und England« und über viele getötete »Ungläubige«. Ohne erkenn-

bare Reue brüstete sich Abu Dschihad mit eigenhändigen Hinrichtungen (»Sie wissen doch genau, dass sie getötet werden, warum
schreien sie dann noch?«) und der Vergewaltigung einer 16-jährigen Yezidin, deren Vater und Brüder er zuvor massakriert hatte
(»Sie hat sich gewehrt, aber das tun Frauen immer«). Als Rechtfertigung seiner mörderischen Taten diente Abu Dschihad dabei die
Verteidigung gegen eine vermeintliche Superverschwörung:

»Sie müssen die Geschichte des Islam kennen. Schon immer
mussten wir gegen die Ungläubigen kämpfen. Sie wollen uns
vernichten. Schauen Sie sich doch die westlichen Medien an! Alles nur jüdische Propaganda gegen uns. Wie oft wurden wir bekämpft?! Die Leute da sind wie der Teufel, verstecken sich unter
einer Maske. Sie lachen, sprechen von Menschenrechten und
liefern Waffen an ihre Freunde, die noch schlimmere Teufel sind
und versuchen, den Islam zu vernichten ... Erzählen Sie mir nichts
über den Westen ... die haben Schuld an allem, und dafür müssen
sie nun zahlen ...«

Erst der Kampf gegen die Superverschwörung habe Abu Dschihads Leben Bedeutung und Sinn gegeben und die lange empfundene Demütigung und Hilflosigkeit durchbrochen:

»Vorher war ich niemand, nicht einmal ein guter Muslim. Ständig diktierten uns andere, was wir zu tun hatten. Diese islamischen
Führer wie Erdoğan, Sisi oder der arabische König, sie alle sind
nichts! Sie sind Sklaven der Kreuzzügler und unterdrücken unsere
Leute. Seit ich beim IS bin, habe ich eine Aufgabe, dafür werde ich
im Jenseits belohnt. [...] Gott hat uns befohlen, auf dieser Welt ein
Kalifat zu gründen. Wer auch immer dagegen ist, wird getötet.«[150]

Dabei ist die vermeintliche Superverschwörung böser fremder
Mächte keineswegs nur für Menschen mit muslimischem Hintergrund interessant. Immer wieder wurden – und werden – auch
westliche Gesellschaften von alten und neuen Verschwörungsmythen überschwemmt. So klagte der Wiener Liberale Ivan Krastev

im März 2017 in der New York Times über den »Aufstieg des para-
noiden Bürgers« quer durch Europa und die USA. Dieser suche
nicht mehr nach »Wahrheit«, sondern nur noch nach vermeintlichen »Geheimnissen«. Und statt Politiker an Lösungen oder wenigstens den Anforderungen dieser oder jener Ideologie zu messen,
würden die Verschwörungsgläubigen zu »Zombies, die nicht wil-
lens oder zu bequem sind, um ihre politischen Anführer herauszufordern«.[151]

Tatsächlich ist gerade auch das westliche Denken bis ins 20. Jahrhundert immer wieder durch Verschwörungsglauben herausgefor-
dert worden und manchmal – etwa im mörderischen Antisemitismus – auch zusammengebrochen. So stammen die Fälschungen
der »Protokolle der Weisen von Zion« über eine vermeintlich jüdische Superverschwörung aus Kreisen des russisch-zaristischen Ge-
heimdienstes. Sie breiteten sich in Europa mit verheerenden Folgen
aus und wurden in Deutschland von der NSDAP und in den USA
unter anderem vom Fabrikanten Henry Ford (1863–1947) verbreitet. Erst ab den 1930er-Jahren wurden sie ins Arabische übersetzt
und von den autokratischen Regimen der Region als scheinbare
Erklärung für ihre Probleme und Niederlagen gegenüber dem kleineren Israel entdeckt und gefördert.[152]

Schauen wir noch ein wenig genauer hin, so wird die Bildungs-
und Schaffenskrise der islamischen Theologie im Umgang mit Verschwörungsmythen deutlich. Während das Osmanische Reich vom
14. bis ins 18. Jahrhundert religiös und kulturell noch stabil genug
war, um den damals in Europa wieder aufgekommenen Hexenglau-
ben zurückzuweisen, übernahmen islamische Geschichtsdeuter ab
dem 19. Jahrhundert ungeprüft die Verschwörungsmythen aus der
westlichen Welt. Nicht nur die erwähnten antijüdischen Fälschungen der »Protokolle der Weisen von Zion«, sondern auch die – vor
allem durch den »Taxil-Schwindel« im Frankreich des 19. Jahrhunderts befeuerten – Freimaurer-Dämonen-Mythen, die Kreationis-

mus-Verschwörungsvorwürfe gegen Evolutionsforscher[153] und die im 20. Jahrhundert entstandenen Mythen um eine superverschwörerische »Neue Weltordnung« und die Wiederkehr der »Illuminaten« waren und sind ganz klar westliche Kulturprodukte, die von Muslimen als Erklärungsansätze aufgegriffen und kopiert wurden. Offensichtlich war die islamische Geistes- und Kulturwelt ab dem 19. Jahrhundert so gelähmt, dass sie nicht einmal mehr in der Lage war, »eigene« Verschwörungsmythen hervorzubringen. Stattdessen übernahmen säkulare und religiöse Bewegungen in den islamisch geprägten Gesellschaften unkritisch verfügbare Angebote aus der westlichen Welt – bis heute. In gewisser Weise wiesen sie wertvolles Wissen zurück und ahmten stattdessen dualistisch vergiftete Mythen nach.

Ob einer langsam wiedererwachenden Kultur- und Geistesszene in den islamisch geprägten Ländern die Zurückdrängung dieser Verschwörungsmythen und damit die »Heilung« des islamischen Monotheismus vom pathologischen Dualismus gelingen kann? Zumindest gibt es erste lautstarke Forderungen danach …

4.2   Ist die islamische Religion erkrankt?

Als im März 2016 wieder einmal Millionen Ägypter die Fernsehsendung »Al-Qahira al-yaum – Kairo heute« anschalteten, konnten sie nicht ahnen, was sie erwarten würde. Dabei war der Fernsehmoderator Amr Adib bekannt und beliebt dafür, in seiner Talkshow das auszusprechen, was viele nicht zu sagen wagten. Er hatte den gewählten Präsidenten Mursi in seinen Sendungen scharf kritisiert und sich dabei auch von Drohungen aus den Reihen der Muslimbrüder nicht einschüchtern lassen. Als Mursi schließlich gestürzt worden war, hatte Adib dies live mit einer ägyptischen Flagge über der Schulter und Lobpreisungen Gottes bejubelt.[154]

Doch diesmal gab es nichts zu jubeln. Eine weitere Welle blutiger Terroranschläge im Namen des Islams war durch die Welt gezogen – darunter der Terrorangriff einer muslimischen Mitarbeiterin und ihres Ehemannes auf ein Behindertenzentrum in San Bernardino, USA.[155] Und dieses Mal gab sich Adib nicht mit den üblichen Beschwichtigungen und Verschwörungen zufrieden, sondern sprach sein Millionenpublikum direkt an:

»Alle schreiben, diese Terroristen wären keine Muslime! Aber ihr lügt, sie sind Muslime und unter uns. Wer in Ägypten Unschuldige tötet, das sind Muslime«, tobte er.

Seine Ko-Moderatorin Emad El-Din Hussein versuchte die Aussage auf den Westen umzudeuten: »Und der muslimische Brite oder Franzose, woher hat er diese mörderische Ideologie?« Doch diesmal spielte Adib nicht mit, sondern insistierte: »Von uns Muslimen! Aus dem Islam!«

Hussein reagierte erschrocken auf den Live-Bruch des Tabus: »Aus dem Islam? Das kann doch nicht wahr sein!«

Doch Adib blieb dabei. »Doch, das ist unser erkrankter Islam! Das ist die Wahrheit. Unsere Religion ist voll mit diesen menschenverachtenden Lehren. Das sind die erkrankten islamischen Strömungen! Du musst das einsehen!«

Wenn sich ein Problem nicht leugnen lässt, dann kann man es vielleicht verniedlichen. Hussein baute ihrem Kollegen also eine Brücke: »Das ist doch von einzelnen Radikalen, oder!?«

Doch wieder blieb Adib hart: »Blödsinn, das ist Islam pur! Gäbe es diese Strömungen innerhalb des Islams nicht, hätte dieser Terrorist keine Chance.«

Jetzt half nur noch der Rückzug auf den gesellschaftlich noch dominierenden Verschwörungsglauben, und Hussein formulierte empört: »Diese Muslime werden missbraucht, politisch missbraucht!«

Doch auch diesmal setzte Adib nach. »Blödsinn, diese menschenverachtenden Lehren sind Teil des Islams. Wir wachsen mit diesen Lehren auf, sie sind Teil unserer kranken Psyche geworden. Diese Mörder wollen uns und alle töten. Der ›Islamische Staat‹ in Syrien, was ist er? Sagt mir nicht, es wären keine Muslime. Sie sind es. Auch die im Irak sind Muslime. Alle, die die Yeziden und anderen schlachteten, Kinder und Frauen vergewaltigten, sind Muslime wie wir! Das gehört zur üblen Geschichte unseres Islams.

Muslime, alle sind Muslime – auch die, die vor 1400 Jahren den Hussein töteten, sind Muslime. Wir haben den Verstand vor 1400 Jahren verloren und dürfen uns daher über diese von uns verübten Verbrechen nicht wundern.«

Ob Adib mit dem Namen des Prophetenenkels Hussein (626– 680) gezielt auf den Nachnamen seiner Kollegin anspielte? Es handelte sich dabei um den Sohn von Muhammads Schwiegersohn Ali, der ebenfalls von einem Fanatiker im Namen des Islams ermordet worden war, mit der Prophetentochter Fatima (606–632). Nach einer Überlieferung hatte Muhammad selbst bei Husseins Geburt den bis dahin in Arabien unüblichen Namen seines Enkels auf Geheiß des Engels Gabriel ausgewählt. Doch auch das schützte seinen Nachkommen nicht vor anderen Muslimen: Bei der Schlacht von Kerbela um 680 wurde Hussein zusammen mit vielen Getreuen von einem Heer Yazids getötet, der sich damit gewaltsam als Kalif durchsetzte. Dieses Massaker markiert das endgültige konfessionelle Auseinanderbrechen des Islams in Sunniten- und Schiitentum und setzt sich mit der Gründung widerstreitender Reiche und gegenseitiger Gewalttaten bis heute fort.

Aber die Ko-Moderatorin Hussein wollte so weit nicht zurückgehen, sondern rief antiwestliche Verschwörungsvorwürfe zu Hilfe: »Darum geht es nicht. Ich will betonen, unsere Muslime werden manipuliert und in die Irre geführt. Der Westen manipuliert und benutzt unsere Muslime für seine eigenen Zwecke.«

Doch Adib konterte erneut, diesmal kühl. »Blödsinn. Niemand kann dich benutzen und manipulieren, wenn du gesund bist.

Warum werden Angehörige anderer Religionen nicht ebenfalls ›manipuliert‹?

Warum verüben nur wir solche Schandtaten? Der Mann aus Amerika tötete 18 Menschen in einem Behindertenzentrum. 18 Menschen erschossen, in einer Sozialstation. Wie krank muss er gewesen sein? Er tötete sie und schrie dabei ›Allahu akbar‹. Und ihr wollt mir sagen, dieser Mörder sei kein Muslim aus unserer Mitte?

Blödsinn. Ihr versucht alles zu rechtfertigen, um zu beweisen, er sei kein Muslim gewesen. Aber er hat als Muslim gemordet! Das ist die bittere Wahrheit! In unserer Religion existieren diese verbrecherischen Lehren und sie werden weiterverbreitet. Die Muslime töten per Befehl im Netz. Weil wir diese Lehre haben. Unsereins liest einen Artikel, geht auf die Straße und tötet!«

Erregt wandte sich Adib wieder direkt an sein Publikum:

»Hört mir zu, das ist die bittere Realität:

Der Muslim beschließt, sein Leben zu beenden. Selbstmord für Gott. Wie krank muss er sein? Wie fanatisch? Er weiß, er reißt dabei auch Kinder, Frauen, Männer mit sich. Ihm ist es auch egal, ob Muslime, Araber dabei sind.

Das ist die Wahrheit! Wann sehen wir das ein, statt uns seit über 1400 Jahren selbst zu belügen? Wir sind nicht fähig, uns selbst zu regieren! Wir können mit unserer Religion nicht in Harmonie leben. Wir werden von der Korruption im Inneren zerfressen. Das ist unsere arabische Welt! Wacht auf und erkennt die Realität, Leute!«

Selbst heute noch halten Zuschauende unvermittelt den Atem an, wenn sie den in unzähligen YouTube-Clips und Übersetzungen verbreiteten Ausbruch anschauen. Gerade auch »islamkritische« Seiten spekulierten umgehend darüber, dass Adib nun sicher bald ermordet oder doch wegen »Gotteslästerung« angeklagt werden würde.[156]

Doch es geschah – nichts. Kein Blitz fuhr vom Himmel, keine Polizeieinheit stürmte den Sender und es gab nicht einmal erregte Demonstrationen von Fanatikern. Adib gewann einige Tausend »Likes« auf seiner Facebookseite hinzu. Er hatte sicher noch nicht für die Mehrheit der Ägypter gesprochen, aber doch Beobachtungen geteilt, die auch Millionen Muslime längst mit sich trugen. Und er hatte dies getan, ohne die rote Linie zu überschreiten und sich vom Islam loszusagen. Bei aller Schärfe hatte Adib doch eine innerislamische Kritik formuliert. Für einen kurzen Augenblick war der »stille Rückzug« laut geworden. Und nicht wenige fragten sich, ob Adib nicht einfach drastisch nach den grundlegenden Reformen gerufen hatte, die auch der neue Präsident Sisi von den Ulama der einstmals so bedeutenden Al-Azhar-Universität in Kairo eingefordert hatte.

Amr Adib lebt noch, ebenso wie seine Ko-Moderatorin. Und ihr emotionaler Dialog wird weiterhin täglich in den unterschiedlichsten Sprachen von Muslimen und Nichtmuslimen abgerufen und diskutiert.

Werden Historikerinnen späterer Generationen auf diesen multimedialen Moment zurücksehen, als eine Alternative zu den gängigen Verschwörungsmythen auch auf Arabisch vor Millionen Menschen eingefordert und sichtbar wurde? Als aktive wie auch ehemalige Muslime in wachsender Zahl begannen, erst leise und dann immer lauter die Angst vor den Radikalen abzuschütteln und die Geschichte und Gegenwart des Islams zu hinterfragen? Und werden sich gar spätere Religionswissenschaftlerinnen und Theologen fragen, warum nicht etwa ein Prediger, sondern ausgerechnet ein Fernsehmoderator diesen Mut aufbrachte? Oder werden die allermeisten Muslime noch weitere Jahrzehnte die Bequemlichkeit von nachgeahmten Verschwörungsmythen dem schweren Weg der Selbstprüfung vorziehen?

5. Geburtendschihad oder Geburtenknick
Religiöse Demografie und die Traditionalismus-falle

Sind Literaten doch Propheten? Das fragten sich nicht nur Intellektuelle, als Michel Houellebecqs Roman »Unterwerfung« über eine bevorstehende Islamisierung Frankreichs erschien – punktgenau zu den verheerenden Terroranschlägen gegen die Redaktion der religionskritischen Satirezeitschrift »Charlie Hebdo« in Paris. Doch der Roman schoss zwar in die Bestsellerlisten, löste aber wider manchen Erwartungen keine politische Erregung aus, weil er gerade keinen fulminanten Endkampf schilderte. Stattdessen unterwarf sich der – nun ja – Held des Buches, der atheistische Literaturwissenschaftler François, am Ende freiwillig der neuen Hauptreligion Frankreichs, dem Islam. Auslöser dafür war aber nicht eine religiöse Erfahrung. Diese suchte der Ich-Erzähler vielmehr als Gast in einem katholischen Kloster – und fand sie unter anderem wegen des dortigen Rauchverbotes nicht. Nein, das Motiv, das den unschwer als »Alter Ego« des Autors erkennbaren François am Ende in die Arme des Islams trieb, war die Aussicht auf junge und unterwürfige Frauen.

Und so träumt Houellebecqs Romanfigur am Abschluss des Buches von muslimischen Studentinnen, »hübsch, verschleiert, schüchtern«. Da er ja nun ein islamischer Hochschulprofessor sei, würden sie »glücklich und stolz« sein, von ihm »auserwählt« zu werden – und sich schließlich auch »geehrt fühlen, mein Bett mit mir zu teilen«. Solche unterwürfigen Frauen »wären es wert, geliebt zu werden«. In Houellebecqs Phantasie sorgt der Islam dafür, dass Frauen wieder dem Manne folgsam, hübsch und gebärwillig würden. Das – und kein Glaube – rechtfertigt die Konversion seines europäischen Helden.[157]

Einem jungen und noch mutigen Wissenschaftler, der es zumindest im vertraulichen Kreis wagte, über öffentlich totgeschwiegene Themen zu forschen, hatte Houellebecq zuvor die These zugeschrieben, Transzendenz sei ein »selektiver Fortpflanzungsvorteil«. Denn mit der Berufung auf einen als männlich vorgestellten Gott würden sich Frauen williger ihren Männern unterwerfen und ihnen mehr Kinder gebären. Dieser »Hang zur Transzendenz« sei dabei durchaus »genetisch vererbbar«. Entsprechend sei der »atheistische Humanismus« zum »baldigen Verfall verurteilt«. Die demografische Zukunft gehöre monotheistischen Religionen und hierbei besonders dem streng patriarchalen Islam.[158]

Und falls Zweifel daran bestünden, ob der Autor meinte, was er schrieb – der selbst kinderlose Houellebecq erklärte dem »Spiegel«: »Das patriarchalische System ist im Vorteil, nicht, weil es das bessere ist, das behaupte ich nicht, sondern ganz einfach, weil die Paare, die nach diesem Modell leben, mehr Kinder zeugen und gebären. Die höhere Zahl setzt sich durch.«

Und dies sei, so der Autor, doch »das letztlich Verstörende an meinem Buch: Die Unterwerfung unter die Biologie. Ideologisch ist die Religion das beste Unterwerfungssystem. Denn sie liefert die Grundlage des Patriarchats: Der Mensch ist Gott unterworfen und die Frau dem Mann. Punkt, Schluss, aus.«

Für die Zukunft war sich Houellebecq also ganz sicher: »Die Aufklärung ist am Ende. Der Humanismus ist tot. Der Laizismus, vor über 100 Jahren erfunden von Politikern, die im Atheismus die Zukunft sahen, ist tot. Die Republik ist tot.«[159]

Also steht vielleicht doch eine Islamisierung an, diesmal vielleicht über die Demografie?

Schon fünf Jahre, bevor sich Frankreich über seine reiche literarische Tradition diese Frage stellte, wurde sie auch in Deutschland mit dem kalten Blick der Ökonomie diskutiert. Mit »Deutschland schafft sich ab« gelang dem studierten Volkswirt und früheren SPD-Politiker Thilo Sarrazin – befeuert durch Vorankündigungen und Vorabdrucke in großen Medien – ein fulminanter Bestseller. Dabei berief er sich auch – und über mehrere Seiten hinweg – auf meine Arbeiten und Daten und schrieb: »Der Religionswissenschaftler Michael Blume konnte zeigen, dass mit der Religiosität die Zahl der Kinder umso mehr steigt, je bindungsstärker die Religionsgemeinschaft ist, der die Menschen angehören.«

Daraus meinte Sarrazin dann schließen zu können: »Die vergleichsweise starke Religiosität der Muslime macht es wahrscheinlich, dass deren Fruchtbarkeit dauerhaft über dem deutschen Durchschnitt liegen wird.«[160]

Haben Houellebecq und Sarrazin also Recht – steht die unaufhaltsame, demografische Islamisierung Europas und vor allem Deutschlands bevor? Haben »die Muslime« mehr Kinder, weil »sie« eben das Patriarchat aufrechthielten, das säkulare Humanisten und liberale Christen leichtfertig verworfen hätten? Entspricht »der Islam« den Gesetzlichkeiten »der Biologie«?

Schauen wir zunächst, was dafür zu sprechen scheint: Gerade auch Houellebecq rührte an ein großes Tabu der Religionen, vor allem ihrer akademischen Theologien und leider auch noch der Religionswissenschaft: die Bedeutung von Sex und Nachwuchs in allen Glaubenssystemen.

»Seid fruchtbar und mehret euch!«, so lautet – in Genesis 1,28 – gleich das erste aller biblischen Gebote, das Gott den (gläubigen) Menschen auf den Weg gibt. Der Koran deutet Liebe und Sexualität sogar als göttliche »Zeichen« und nach einer beliebten Überlieferung hat der Prophet das Eheleben sogar als »Hälfte des Glaubens« gerühmt. Entsprechend werden freiwillige Ehe- und Kinderlosigkeit – wie das religiöse Zölibat – und auch homosexuelle Beziehungen in den meisten islamischen Traditionen abgelehnt. In Sure 30:21 heißt es:

»Und eines Seiner Zeichen ist, dass Er Paare für euch aus eurer Mitte erschaffen hat, damit ihr Frieden ineinander findet, und Er stiftet Liebe und Barmherzigkeit zwischen euch. Darin sind Zeichen für diejenigen, die nachdenken.«

Die Freiheit innerhalb der Paarbeziehung schließt dabei meist auch die Verwendung von Verhütungsmitteln ein; im Gegensatz zu strengen Varianten der katholischen Sexuallehre wird legitime Sexualität an sich wertgeschätzt und gilt nicht nur als Mittel zur Erlangung von Nachwuchs.

In einer beliebten modernen Deutung werden diese Aussagen so gelesen, dass der Islam die Sexualität vorbehaltlos begrüße – solange sie im Rahmen einer »erlaubten« Ehe stattfinde. Doch diese Deutung überspringt, dass der Koran darüber hinaus den Beischlaf eines Mannes mit Sklavinnen gestattet. Und da die Ehe als Vertragsverhältnis gilt, haben sich zudem regionale Traditionen der »Zeitehe« herausgebildet, die Verbindungen mit begrenzter Dauer, bis hinunter zu einer Nacht, religiös legitimieren.

Nichts erregt Fromme und Säkulare gleichermaßen so zuverlässig wie die Frage, wer mit wem wie schlafen und Kinder erziehen darf. Über Ölbarone und Drogenhändler in ihren Reihen streiten Religionsgemeinschaften selten so erbittert wie über Homosexualität und Fragen der Verhütung. Umgekehrt spotten Säkulare über die »langweiligen«, »ewiggestrigen« und gern auch »geheuchelten« Sexualregeln der Frommen, thematisieren aber ungern den postreligiösen Kindermangel in den eigenen Reihen. Und auch Religionsgelehrte flüchten sich lieber in die akademische Sicherheit der dritten Bedeutungsebene des vierten Verses der fünften heiligen Schrift, als dem komplexen Spiel des blühenden – oder verebbenden – Lebens und Liebens in den Religionen wirklich auf den Grund zu gehen. Und wenn überhaupt, werden lieber die Sexuallehren früherer Jahrhunderte erforscht, kaum aber, was in und um heutige Tempel, Kirchen, Synagogen und Moscheen stattfindet. Dabei fungieren diese seit Jahrhunderten und Jahrtausenden als Orte der Familienstiftung, in denen nicht nur pronatale Werte und

Vorschriften vermittelt, sondern auch Jugendarbeit organisiert sowie Familien- und Paarbeziehungen geknüpft werden. Das Stiften von Eheschließungen gilt nicht nur im Islam als segensreiche Tat, sondern wird auch noch in Europa von Heiratsvermittlerinnen – bisweilen direkt vom Moscheevorstand berufen – aktiv betrieben.[161] Im Gegensatz zu manchen Vorurteilen haben die meisten islamischen Traditionen auch an den Lehren festgehalten, wonach erfüllte Sexualität im streng privaten Raum der heterosexuellen Ehe als gottgefällig und segensreich gilt. Die Eheschließung mit Partnerinnen und Partnern aus dem Herkunftsland ist eine weitere Option, über die weitere, nicht nur muslimische Migration in die westlichen Gesellschaften und eine Rückkoppelung der entstehenden Familien an die Herkunftskultur organisiert wird.

Die britisch-indische Psychologin, Journalistin und Bloggerin Shelina Janmohamed schreibt von ihrem Aufwachsen im Umfeld einer Londoner Moscheegemeinde, das auch zu einer arrangierten und glücklichen Ehe geführt habe. Sie berichtet von den religiös begründeten Hoffnungen, durch eine islamische Eheschließung »ein besserer Mensch« zu werden und »Gott näherzukommen«. Die partnerschaftliche Liebe werde eingebettet in das wohlwollende, aber auch kontrollierende Beziehungsgeflecht aus Familie und Gemeinde. Vom sonntäglichen Religionsunterricht über die Unterweisungen für junge Leute bis zu den Predigten – alles drehe sich darum, zu verherrlichen und festzulegen, »was eine Ehe ist«.[162]

Und auch wenn all diese weiten Felder in den Forschungen rund um Religion(en) noch immer unterbelichtet sind: Es sind genau diese Fragen nicht nur für die Religionsgeschichte der letzten Jahrhunderte, sondern letztlich auch für die Evolutionsforschung zu Religiosität und Religionen sowie für unser aller Zukunft interdisziplinär interessant und relevant!

So hat auch der Islam das Zeugen von Kindern selbstverständlich zur Ausbreitung seiner Lehre genutzt. Die Polygynie (die erlaubte Ehe eines Mannes mit mehreren Frauen) erhöht zwar nicht die durchschnittliche Geburtenrate, die nach den Kindern »pro Frau« gemessen wird. Allerdings kann ein Mann dadurch seine religiösen Traditionen an die Kinder verschiedener Ehefrauen und Sklavinnen weitergeben. Bis heute gilt der marokkanische Sultan Mulay Ismail (1645–1727) mit 888 Kindern von über 500 Frauen als »erfolgreichster« Vater der Menschheitsgeschichte.[163] (»Erfolg« bezieht sich hier allerdings nur auf die Anzahl der Nachkommenschaft; die Söhne des Sultans fielen nach seinem Tod in einem blutigen Nachfolgekrieg übereinander her.) Der mongolische Heerführer Temüdschin Dschinghis Khan (1162–1227) – Anhänger des Schamanismus – könnte sogar noch mehr Kinder gezeugt haben, doch gibt es dazu keine seriöse Zählung.

Die Polygynie war nicht auf den Islam beschränkt und auch nicht von ihm erfunden worden. Wir finden sie mit noch weniger Einschränkungen im frühen Judentum, etwa in den Überlieferungen über die israelitischen Könige. In den Büchern Moses wird sogar mehrfach die »Leviratsehe« thematisiert, nach der ein Bruder verpflichtet war, die sohnlose Witwe eines verstorbenen Bruders selbst zur (weiteren) Frau zu nehmen. Erfüllte er dieses Gebot nicht, so war die verschmähte Schwägerin berechtigt, ihm vor den Stadttoren und Gemeindeältesten ins Gesicht zu spucken (5. Mose [Deuteronomium] 25,5–10).

In geradezu bestürzender Ehrlichkeit schildert das Zweite Buch Samuel der Bibel jedoch auch das große Problem der Polygynie: Wenn ein Mann mehrere Frauen für sich beansprucht, so müssen andere Männer zurücktreten oder aus dem Weg geschafft werden. Laut biblischer Überlieferung entsandte niemand Geringeres als David seinen Offizier Urija in den sicheren Tod in einer Schlacht, um Zugriff auf dessen Frau Bathseba zu erhalten. Dafür wurde der König vom Propheten Nathan schwer gemaßregelt; eine frühe religiöse Warnung vor den Gefahren männlicher Despoten.

Entsprechend schaffte das Judentum in späteren Zeiten die Polygynie durch kunstvolle Textauslegungen immer weiter ab, wie sie im 20. Jahrhundert auch von immer mehr islamisch geprägten Ländern verboten wurde. Denn sie schafft Konflikte, die nur gelöst werden können, indem ausländische Frauen erbeutet oder einheimische Männer »entsorgt« werden. In diesen Kontext gehört auch die brutale Tradition der Kastration, mit der in islamischen Gesellschaften vor allem Sklaven zu zeugungsunfähigen Eunuchen (osmanisch: *hadimlar*) umgestaltet wurden (und diesen Eingriff manchmal nicht überlebten).

Die heutige sexuelle Gewalt des »Islamischen Staates«, der die Versklavung yezidischer und schiitischer Frauen zu einem Teil seiner Werbestrategie gemacht hat, um frustrierte junge Männer anzulocken, verweist schockierend deutlich darauf, dass keine Gesellschaft oder auch nur Gemeinschaft dauerhaft stabil und friedlich sein kann, die Polygynie praktiziert.

Und auch dies gilt wiederum nicht nur für den Islam: Bezeichnend ist beispielsweise das Schicksal US-amerikanischer »Lost Boys«, die von einer fundamentalistischen Abspaltung der mormonischen Hauptkirche noch zu Beginn des 21. Jahrhunderts wegen geringster Vergehen ausgestoßen wurden, damit die Führungsriege der Kirche Zugriff auf mehr Ehefrauen erhielt.[164]

Wissenschaftlich gesichert ist inzwischen ein Befund, den sich Houellebecq kaum hätte besser ausdenken können: Keine Weltreligion wäre zur Weltreligion geworden, wenn sie nicht über Jahrhunderte hinweg an ausreichend viele Kinder weitergegeben worden wäre. Und während die Wissenschaft viele Religionsgemeinschaften kennt, die über Jahrhunderte hinweg extrem kinderreich geblieben sind, so ist ihr umgekehrt keine – ich wiederhole: keine – nichtreligiöse Population bekannt, die auch nur ein Jahrhundert lang wenigstens die sogenannte Bestandserhaltungsgrenze hätte halten können. Auch religiöse Glaubenstraditionen können demografisch scheitern; nichtreligiöse Populationen verebbten jedoch bislang immer.

Wir kennen atheistische und religionskritische Bewegungen und Schulen schon seit der griechischen und indischen Antike; aber nie und nirgendwo konnten sie sich dauerhaft demografisch erhalten. Und es ist interessant, dass auch der in Kapitel 2 erwähnte Religionskritiker und Dichter Abu l-Ala al Ma'arri im 11. Jahrhundert die Zurückweisung des Glaubens mit einer negativen Antwort auf die Frage der Anthropodizee verband: Seines Erachtens sollten Menschen auf das Hervorbringen weiteren Lebens – und damit weiteren Leides – verzichten. Bisher ist es nur religiösen Strömungen gelungen, mit Berufung auf höhere Wesen und Mächte ausreichend wirksam für Familie und Kinder zu plädieren.[165]

Selbst sozialistisch-atheistische Staatsparteien konnten mit all ihrer Macht zwar Geburtenraten herabdrücken (wie in China), nie aber dauerhaft über die Bestandserhaltungsgrenze von 2,1 Geburten pro Frau erhöhen. Wo sie es doch versuchten, blieb es beim kläglich-kurzlebigen »Honecker-Buckel« von 1,8 Geburten (wie in der DDR) oder bei tausendfachen Kindesaussetzungen (wie in Rumänien). Auch der sozialdarwinistische Wahnwitz der »Lebensborn«-Projekte zur Heranzüchtung nationalsozialistischen Ariernachwuchses führte zu nichts.[166]

Wären also mit muslimisch-patriarchaler Monogamie alle demografischen Probleme zu lösen, wie Sarrazin und Houellebecq nahelegen? Die wissenschaftlich klare Antwort darauf ist: Nein. Denn es stimmt zwar, dass es einen positiven Zusammenhang zwischen Religiosität und durchschnittlicher Kinderzahl gibt; dieser ist jedoch etwas komplizierter, als es sich die beiden vorstellen. Fangen wir bei Houellebecq an: Es stimmt schon, dass Frankreich als Mutterland des Laizismus gelten kann und Laizisten im 19. und 20. Jahrhundert den öffentlichen Einfluss der katholischen Kirche auch in Bildungs- und Familienfragen erbittert bekämpften. Aber nach der militärischen Niederlage im deutsch-französischen Krieg von 1870/71 strebte die »Grande Nation« eine Steigerung ihrer Geburtenraten an und bildete dazu ein Säkulare wie Religiöse verbindendes und bis heute bestehendes Bündnis für eine aktive Familienpolitik. Dazu gehörten Zahlungen und Steuerbefreiungen für kinderreiche Familien, der Aufbau von staatlichen und kirchlichen Ganztagskrippen und -schulen und ein gesellschaftliches Klima, das Kinder begrüßte. Die Folge: Heute gehört Frankreich – gemeinsam mit dem evangelisch geprägten, aktiv die Gleichberechtigung der Geschlechter fördernden Schweden – mit einer Geburtenrate nahe 2,0 zu den geburtenstärksten Nationen der westlichen Welt!

Dagegen haben weiterhin traditional und auch patriarchal geprägte Nationen wie Italien, Griechenland oder Japan ohne eine aktive Familienpolitik heute besonders »niedrige« Geburtenraten! Und – für die Islamisierungsthesen besonders pikant – inzwischen sind auch die Geburtenraten in islamischen Ländern wie der Türkei und dem Iran rapide »unter« die französischen Werte gefallen! Sowohl der damalige iranische Präsident Ahmadinedschad wie auch der türkische Präsident Erdoğan haben ihre Landsleute wiederholt zu mehr Kindern aufgerufen, »weil« die Geburtenraten auch in ihren Ländern abstürzte.

Tatsächlich konnten die französischen Demografen Yousef Courbage und Emmanuel Todd bereits 2008 aufzeigen, dass in den islamischen Nationen die Geburtenraten stark zurückgehen – und zwar entsprechend zunehmender Alphabetisierung und Bildung! Auch die Demografie beispielsweise afrikanisch-christlicher und afrikanisch-islamischer Gesellschaften entwickelt sich völlig parallel – es werden extrem viele Kinder geboren, bis steigende Bildung und Sicherheit die Lebens- und Familienwelten der Menschen verändern.[167]

Bestätigt und wunderbar bebildert wurde dieser Befund im TED-Vortrag »Religion and Babies« des schwedischen Forschers

Hans Rosling (1948–2017), den dieser in Doha, Katar, präsentierte.
Wie Rosling in einer animierten Grafik zeigte, stürzen die Geburtenraten von Nationen unabhängig von ihrer dominanten Religion
ab, sobald der Wohlstand wächst. Zumal Rosling unglaublich unterhaltsam präsentierte, kann ich das Anschauen dieses 13-Minuten-Stücks nur allen empfehlen, die sich für Religion und Demografie interessieren.[168]

Anders gesagt: Die durchschnittlich höheren Geburtenraten von
religiös Aktiven zeigen sich nicht zwischen den Staaten (der Makroebene), sondern innerhalb der Staaten, auf der Mikroebene. Es
haben nicht »die Muslime« mehr Kinder als »die Christen« oder
»die Juden« – sondern *religiöse* Muslime, Christen, Juden haben
mehr Kinder als ihre weniger frommen oder nicht-mehr-religiösen Nachbarn. Das ist in der Türkei ebenso wie in den USA, in
Israel ebenso wie in den Niederlanden, in der Schweiz ebenso wie
in Indonesien.

Staaten haben also absolut die Möglichkeit, durch eine aktive
Familienpolitik ihre allgemeinen Geburtenraten (für Religiöse und
Nichtreligiöse) zu heben, wie es Frankreich und Schweden gelungen ist. Sie können sie auch senken, wie es China – auch gegen
die Widerstände von Kirchen und Religionen – tat. Japan, Italien,
Griechenland, aber auch die Türkei und der Iran verzichten dagegen bisher auf eine aktive Familienförderung; und entsprechend
niedrig sind ihre Geburtenraten.

Mit Sarrazin können wir uns nun beispielhaft die Schweiz etwas genauer ansehen. Denn ihm nehme ich etwas übel, dass er auf
S. 363 seines Werkes nicht nur Befunde aus einem meiner Artikel
gezielt verschwieg, sondern sich die dazugehörige Datentabelle
auch noch so zurechtschnitt, dass sie zu seinen verkürzten Deutungen passte! Überzeugen Sie sich im Folgenden gern selbst![169]

Konkret entnahm der studierte Volkswirt meinem Artikel Geburtenraten der Schweizer Volkszählung. Allerdings ließ er gezielt

einige Konfessionen weg, die seinen Aussagen direkt widersprechen – und die ich in der folgenden Auflistung daher mit einem
Sternchen * markiere.

Laut Schweizer Volkszählung 2000 gebar eine Frau in ihrem
Leben nach ihrer Religionszugehörigkeit unterschiedlich viele
Kinder:

Hinduismus	2,79
Islam	2,44
Judentum	2,06
Freikirchlich	2,04
Evangelikale	2,02
Schweizer Durchschnitt	1,43
Römisch-katholisch	1,41
*Neuapostolisch	1,39
Evangelisch-reformiert	1,35
*Zeugen Jehovas	1,24
Keine Religion	1,11

Sarrazin ließ für sein »Deutschland schafft sich ab« gezielt zwei
christliche Gemeinschaften unter den Tisch fallen, die seinen
Thesen nicht entsprachen: Die Schweizer Neuapostolische Kirche
(NAK) war sehr traditionell und patriarchal strukturiert (sie befindet sich derzeit in einem Reformprozess) – und die Zeugen Jehovas erst recht. Dennoch hatten sie sogar weniger Kinder als der
Schweizer Durchschnitt.

Der Grund dafür ist der gleiche wie in Italien, Griechenland oder
Japan: Es reicht nicht, von Familien nach traditionellen und patriarchalen Mustern viele Kinder zu »fordern«. Sondern es kommt
darauf an, kinderreiche Familien dann auch in ihrer Lebenswirk-
lichkeit zu fördern – beispielsweise durch (kirchliche) Krabbel-
gruppen, Kindergärten, Schulen, Ferienfreizeiten, Kleiderbasare,

Nothilfen, Stipendien –, vor allem aber durch die Vereinbarkeit von Familie und Beruf auch für Mütter.

Generell lässt sich sowohl für Staaten wie für Religionsgemeinschaften feststellen: Wer mit seinen Lehren und Angeboten nicht nah am Leben der jungen Menschen und Familien bleibt, der verfehlt und erstickt auch den Kinderreichtum – und treibt die Demografie in die sogenannte Traditionalismusfalle.

5.1   Die demografische Traditionalismusfalle

Das Bild wird noch klarer, wenn wir uns bewusstmachen, dass sich die Lebenswelten von Menschen immer wieder drastisch verändern. Nehmen wir als Beispiel Ihre Vorfahren: Vor einigen Jahrtausenden waren sie – wie bis zur Einführung der Landwirtschaft alle Menschen – Wildbeuter, die vom Jagen und Sammeln lebten. Kinder gehörten zum Leben der umherstreifenden Gruppen dazu; es war aber mühsam, sie zu tragen und durchzubringen. Schon die ältesten Darstellungen von Menschen, die wir haben, die ausschließlich weiblichen »Venus-Figurinen« aus der Altsteinzeit, würdigen Fruchtbarkeit und Schwangerschaft. Denn während in vielen Wildbeuterkulturen bis heute ein Kind auch mehrere mögliche Väter haben kann, war umgekehrt die Mutterschaft unbestreitbar. Auch noch in der Paradiesgeschichte der Bibel ist die Rede davon, dass der Mann mit der Frau zog, fachdeutsch: die Wildbeuter häufig matrifokal organisiert waren. Die Bibel erinnert sich in Genesis 2,24: »Darum verlässt der Mann Vater und Mutter und bindet sich an seine Frau und sie werden ein Fleisch.«

Bis vor einigen Jahrhunderten waren Ihre Urahnen höchstwahrscheinlich Bauern wie der größte Teil der Weltbevölkerung. Sie lebten von der mühsamen Landarbeit, in der alle Familienmitglieder, also auch die Kinder, als Arbeitskräfte gefragt waren. Grundbesitz musste verteidigt, bearbeitet und vererbt werden, so dass über Jahrtausende hinweg ein waffenstarrendes Patriarchat mit einer oft strikten Kontrolle der Frauen gesellschaftlich und religiös vorherrschend wurde.[170] Mangels sicherer Geldsysteme waren Nachkommen zudem die einzige Art der Altersversorgung. Klar, dass sehr viele von ihnen geboren wurden – und leider auch viele noch in jungen Jahren starben. Die biblische Paradiesgeschichte hat auch diesen Umbruch der Lebensverhältnisse von einem freieren zu einem patriarchal bestimmten Leben als göttliche Strafe (!) nach der »Vertreibung aus dem Paradies« erinnert (Genesis 3,16–17):

»Zur Frau sprach er (Gott): Viel Mühsal bereite ich dir, sooft du schwanger wirst. Unter Schmerzen gebierst du Kinder. Du hast Verlangen nach deinem Mann; er aber wird über dich herrschen.

Zu Adam sprach er: Weil du auf deine Frau gehört und von dem Baum gegessen hast, von dem zu essen ich dir verboten hatte: So ist verflucht der Ackerboden deinetwegen. Unter Mühsal wirst du von ihm essen alle Tage deines Lebens.«

Vor etwa 100 Jahren gehörten zu Ihren Vorfahren möglicherweise bereits Industriearbeiter in einer Stadt. Die Arbeit war körperlich und auch gesundheitlich belastend und schon das Wohnen – kaum noch auf eigenem Land – wurde pro Kopf immer teurer. Bezahlt wurde aber schon in Geld, das man sogar in ersten »Sparkassen« fürs Alter anlegen konnte. Wenn es das ererbte Vermögen oder das Einkommen des Mannes ermöglichte, versuchte man Kinder länger in der Schule und Mütter länger bei ihren Kindern zu lassen; dies schützte die Gesundheit aller Beteiligten und erhöhte die Chance, es später »zu etwas zu bringen«. Damit aber wurde es auch zunehmend als klug erkannt, weniger Kinder zu haben, diese jedoch besser zu bilden.

Heute leben Sie vielleicht in Mitteleuropa. Kinder tragen zur eigenen Altersversorgung eigentlich gar nichts mehr bei, sie kosten aber mehr Geld denn je. Die wenigsten Familien können eine

Stadtwohnung und einen mittleren Lebensstandard von nur einem Gehalt bezahlen und sehr viele Frauen haben bereits eine lange Ausbildung absolviert und wollen ihr Wissen jetzt auch einsetzen. Zugleich sind Verhütungsmittel inzwischen so leicht und günstig wie nie verfügbar und »Lust ohne Last« (wie es ein Buch über die Geschichte der Empfängnisverhütung nennt)[171] wird problemloser denn je möglich. Wenn es für das Kind keine ordentliche Ganztagsbetreuung gibt und also die Mutter jahrelang zusätzlich zu den erheblichen Kosten auch noch auf Gehalt und Karriere verzichten müsste – dann werden mögliche Eltern dazu tendieren (müssen), Kinderwünsche aufzuschieben oder ganz fallenzulassen.

Mit dieser kleinen Wanderung durch die Wirtschafts- und Familiengeschichte möchte ich verdeutlichen: Die gleiche Antwort, die in einem Jahrhundert richtig sein kann, kann im nächsten Jahrhundert schon falsch sein! In Wildbeutergesellschaften hatten und haben Eltern(paare) noch große Entscheidungsräume, ob und wie viele Kinder sie haben wollen. Schon mangels moderner Empfängnisverhütung fehlt(e) es nicht an Nachwuchs. Als die Kinder in der Landwirtschaft als Arbeitskräfte dienten, musste die Schulpflicht in Europa sogar gegen lange Widerstände der Landbevölkerung durchgesetzt werden, weswegen sie sich beispielsweise in Deutschland noch immer an Halbtagszeiten und langen (Arbeits-)Ferien orientiert. Als aber in den späteren Industriegesellschaften nur noch die Eltern arbeiten mussten und konnten, wurde es umgekehrt zum Problem, wenn keine ausreichende Kinderbetreuung zur Verfügung stand. Wer einer gebildeten Frau im 21. Jahrhundert den Wiedereinstieg in den Beruf verbaut, »verteuert« Kinder aus Sicht beider Eltern. Von wegen »Patriarchat und Biologie«: Jede Lebenssituation erfordert religiös und kulturell unterschiedliche Antworten!

Wer in den ständigen Veränderungen der menschlichen Lebenswelten einfach nur auf ein »Weiter wie früher!« setzt, der tappt in die demografische Traditionalismusfalle. Die Griechin, Japanerin, Türkin, Iranerin oder auch die Schweizer Zeugin Jehovas kann wenig tun, um ihre noch immer patriarchal strukturierte Lebenswelt kinderfreundlicher zu gestalten. Aber sie kann – und sie wird – darüber mitentscheiden, ob und wie vielen Kindern sie das Leben schenken möchte. Und wenn sie überhaupt verheiratet ist, so wird auch ihr Mann zunehmend nicht nur an einem guten Familienklima interessiert sein, sondern auch an einem zweiten Gehalt.

Es stimmt also einfach nicht, dass das Patriarchat oder überhaupt der Traditionalismus die Antwort auf alle demografischen Fragen ist. Die Kultur ist hier schneller anpassungsfähig, als es die Biologie jemals sein könnte: Religiöse Traditionen gehen dann mit Kinderreichtum einher, wenn sie entweder ihre Lebenswelten stabil halten (wie es beispielsweise die Old Order Amish tun) oder wenn sie sich auf die schnellen Veränderungen durch neue Angebote wie Kindergärten und Schulen einstellen. Houellebecq darf seine Träumereien von islamisch-unterwürfigen Studentinnen, mit denen »es« dann endlich wieder funktioniere, also gern literarisch präsentieren und Sarrazin mit dem Zurechtschneiden von Tabellen seinen Fans den gewünschten Grusel bescheren – den Stand der religionsdemografischen Forschung verfehlen sie beide.

Ich kann nur allen Interessierten einmal empfehlen, sich die Vielfalt an Familien- und Jugendangeboten in einer konservativen oder gar orthodoxen jüdischen Gemeinde anzuschauen. Das ist erstaunlich und über Jahrhunderte hinweg gewachsen und führt zu überdurchschnittlich großen Familien. Wie mir ein deutscher Landesrabbiner – selbst Vater von acht Kindern – einmal erklärte: »Jahrhundertelang wurden wir diskriminiert und verfolgt und durften auch keine Konvertiten zu uns aufnehmen. Wir haben gelernt, durch unsere großen Familien zu überleben.«

Als aktuelles Beispiel aus dem islamischen Bereich seien die Schülerwohnheime der sunnitisch-sufischen »Süleymanlilar«-Laienbewegung genannt, die auf den türkischen Diyanet-Prediger und Naqschbandi-Scheich Süleyman Hilmi Tunahan (1888–1959) zurückgeht. Auch in Deutschland haben sich entsprechende Wohnheime inzwischen etabliert und zwischen Vorwürfen und Schülerlob für eine intensive, auch wissenschaftliche Debatte gesorgt.[172] Ich behaupte: Ohne diese intensive Kinder- und Jugendarbeit, die Familien ebenso anzieht wie sie weitere Geburten fördert, wäre der Verband islamischer Kulturzentren nicht zum zweitgrößten Moscheeverband in Deutschland aufgestiegen. Er wird dies nur dann bleiben, wenn er sich mit dem Bildungsaufstieg seiner Mitglieder weiterentwickelt.

Denn ebenso, wie sich das liberale Judentum im demografischen Verebben befindet, ist es auch dem türkischen Kemalismus ergangen: Wo es an Kindern fehlt, erlahmt schließlich unweigerlich die geistige Dynamik und die Anziehungskraft für Neumitglieder.

Sowohl Christentum wie Islam kennen sogar entschieden kinderlose Gemeinschaften wie die US-amerikanischen Shaker und die kurdisch-islamischen Heme Suri. Falls Sie von diesen Gemeinschaften noch nie gehört haben sollten, dann eben darum: Religiöse Traditionen, die nicht an viele Kinder weitergegeben werden, nehmen sich selbst schnell wieder aus der kulturellen Evolution.

Nicht vor allem den Gewalttätigen, sondern den Kinderreichen gehört also die Zukunft auch der Religionen. So lehrt die mormonische Kirche Jesu Christi der Heiligen der Letzten Tage, »dass im Plan des Schöpfers für die ewige Bestimmung seiner Kinder die Familie im Mittelpunkt steht«. Entsprechend gelte: »Wir verkünden, dass Gottes Gebot für seine Kinder, sich zu vermehren und die Erde zu bevölkern, noch immer in Kraft ist.«[173] Dabei entstand diese sowohl kinderreiche wie missionarische und heute weltumspannende Kirche erst im 19. Jahrhundert und konnte nur dank der in den USA fest verankerten Religionsfreiheit die Konflikte ihrer Gründerzeit – unter anderem um die anfängliche Praxis der Polygynie – überstehen.[174]

Schon der Begründer des modernen Liberalismus, Adam Smith (1723–1790), hatte in seinem »Wohlstand der Nationen« von 1776 die Aufgaben der Kinderbetreuung und -bildung den Religionsgemeinschaften zugewiesen, die sich darin in einem möglichst freiheitlichen Wettbewerb beweisen und entwickeln sollten. Der liberale Sozialphilosoph und Wirtschaftsnobelpreisträger Friedrich August von Hayek (1899–1992) erfasste und beschrieb als Erster, wie die kulturelle Evolution von Religionen und Weltanschauungen zu religiös durchschnittlich erhöhtem Kinderreichtum führt. Hayek erkannte auch, was Sarrazin und Houellebecq bislang nicht verstanden haben: Dass dieser Religion-Demografie-Zusammenhang »nicht intrinsisch« – quasi biologisch – angelegt ist, sondern im kulturellen Wettbewerb »historisch« wachsen muss.[175]

Damit bestätigt sich inzwischen demografisch, dass ohne Religionsfreiheit – als Freiheit zur Herausbildung lebensförderlich angepasster Religionsgemeinschaften und familiärer Vielfalt – ein Geburtenknick bis tief unter die Bestandserhaltungsgrenze droht. Und genau dieser vollzieht sich gerade in der islamischen Welt.

5.2 Die demografische Krise der islamischen Welt

Während auf der eurasischen Kontinentalplatte noch der Angst vor einem »islamischen Geburtendschihad« gefrönt wurde, sah der bekannte US-Publizist David Goldman bereits das demografische »Sterben« der »islamischen Zivilisation« nahen. Dabei verwies er auf den überdurchschnittlich schnellen Einbruch der Geburtenraten in nahezu allen islamischen Gesellschaften und die fluchtartige Auswanderung junger Muslime.[176]

Ebenso fiel dem britischen Demografen Eric Kaufmann nicht nur die erhöhte Geburtenrate religiös aktiver Menschen auf – sondern auch, dass sich die kinderreichsten Gemeinschaften bislang nur in jüdischen (Haredim) und christlichen Traditionslinien (Amish, Hutterer, Mormonen) herausgebildet hatten.[177]

Auch die bislang größte religionsdemografische Studie der Welt, die des Pew-Forschungsinstituts, weist zwei gravierende Fehler auf: Zum einen erfasst sie die Religionszugehörigkeit auf der Basis von Selbstauskünften der Befragten; so übersieht sie die grundlegenden Unterschiede der Zugehörigkeitstraditionen beim Christentum (durch Entscheidung) und beim Islam (durch Geburt). Religiös geprägte Muslime, »Kulturmuslime« und ehemalige Muslime werden damit in einen Topf geworfen, Säkularisierungsprozesse werden versteckt. Vor allem aber geht sie unrealistisch harmonisierend davon aus, dass sich weltweit alle staatlichen, religiösen und weltanschaulichen Familienkulturen direkt auf die demografische Bestandserhaltungsgrenze von 2,1 Kindern zubewegen werden. Demnach würde der Islam nicht – wie in der Realität in der Türkei, im Iran, Bosnien und vielen anderen Staaten doch bereits geschehen – durch eine kinderarme Phase gehen, sondern in der zweiten Hälfte des 21. Jahrhunderts das Christentum als größte Weltreligion ablösen. Pew kennt die demografische Traditionalismusfalle noch nicht.[178]

Doch berücksichtigt man diese, dann verändert sich das Bild: Die Vielzahl autoritärer Ölstaaten und der traditionelle Mangel an echter Religionsfreiheit behindern bislang die Entfaltung und den Wettbewerb innerislamischer Vielfalt. Während sich einige jüdische und christliche Strömungen besonders lebensförderlich und im Dialog mit der Wissenschaft und anderen Religionstraditionen entwickeln, drohen muslimischen Reform-, Familien- und Bildungsbewegungen bislang immer wieder Unterdrückung und Verfolgung durch andere Muslime. Entsprechend wandern (oder flüchten) gerade auch Gebildete und Angehörige religiöser Minderheiten aus den islamisch geprägten Gesellschaften in freiheitliche Demokratien aus, was Vielfalt und Entwicklung in den islamisch geprägten Herkunftsländern wiederum lähmt.

Derzeit spricht also viel dafür, dass die meisten islamisch geprägten Gesellschaften und religiösen Traditionen in die demografische Traditionalismusfalle taumeln – wie Japan, Griechenland und Italien, wie in der Schweiz die Neuapostolische Kirche und die Zeugen Jehovas. Wirklich progressive Familienpolitiken wie in Frankreich oder Schweden beziehungsweise religiös-kinderreiche Institutionen wie bei den jüdischen Orthodoxen, den Mormonen oder den evangelikalen Quiverfulls haben sich in der islamischen Welt noch kaum entwickeln und organisieren können. Sollte dann auch noch der bisher überwiegend »stille Rückzug« in zunehmend offene Distanzierungen vom Islam übergehen, so könnte das nur noch statistische Wachstum des Islams in den kommenden Jahrzehnten in eine abrupte Schrumpfung übergehen.

Mangelhafte Religionsfreiheit, die Nachwirkungen des Buchdruck-Verbotes ab 1485, die insbesondere arabischen Ölrentenstaaten und die auch bildungsbedingte Verbreitung von Verschwörungsmythen bilden somit ein ganzes Krisenbündel, zu dem auch der derzeit schnelle Geburtenrückgang und der (noch) überwiegend »stille« Rückzug von Muslimen aus dem Islam erfolgt. Es scheint noch verfrüht, der islamischen Welt mit Goldman ein »Sterben« nachzusagen. Aber dass der real gelebte Islam in einer zunehmend bedrohlichen Krise zwischen stillem Rückzug einerseits und fanatisch-verschwörungsgläubiger Radikalisierung andererseits steckt, ist meines Erachtens kaum mehr zu leugnen.

Doch es gibt eine große muslimische Bevölkerungsgruppe, die sich dem Ver- und Zerfall der islamischen Zivilisation durch häufige Bildungs- und Familienanstrengungen entgegenstemmt, den kulturellen und damit auch demografischen Traditionalismus herausfordert und entscheidend zu einem Wiederaufblühen des Islams beitragen könnte: die jüngeren Frauen.

5.3 Vom Harem zur Hochschule – der Bildungsaufstieg islamischer Frauen

Wenig am Islam hat die Fantasien von Nichtmuslimen so entzündet wie die »Harems« wohlhabender muslimischer Männer. Abgeleitet vom arabisch-islamischen Wort *haram* für »verboten«, bezeichnete der Harem den Wohnbereich der Ehefrauen und Sklavinnen eines Mannes, den außer kastrierten Eunuchen nur er selbst betreten durfte. Durch militärische Eroberungen und Sklavenmärkte kamen in den Harems Frauen verschiedenster Herkunft – auch Europäerinnen – zusammen. In westlichen Bildern und Texten nahmen Haremsmotive bald eine große Rolle ein. Auch Houellebecqs Fantasie vom neo-islamischen Pariser Hörsaal voll von »jungen Frauen«, die »glücklich und stolz« wären, »von mir auserwählt zu werden, und sich geehrt fühlen, mein Bett mit mir zu teilen« ist das Harems-Motiv willig-verfügbarer Frauen unschwer zu erkennen: Weder konkurrierende Männer noch Kinder kommen vor. Muslimische Frauen erscheinen hier als passive und anspruchslose Sexualobjekte.

Mit der Realität hat dies wenig bis nichts zu tun. Schon die Haremskultur der islamischen Vergangenheit war auf eine kleine Oberschicht beschränkt und ging mit brutaler Gewalt gegen Kriegsgegner und ärmere Muslime einher. Am ehesten finden wir solche Formen noch in Ölstaaten wie Saudi-Arabien, in denen Reiche über wechselseitige Verheiratungen Familienallianzen schmieden und sich zudem Frauen aus dem Ausland »einkaufen« können. Doch die Mehrzahl der islamisch geprägten Staaten hat die Polygynie bereits eingeschränkt oder ganz verboten – nicht zuletzt, um

Gewalt und Aufstände durch zornige und beziehungslose Männer zu verhindern.

Wie tief die patriarchalen Traditionen mit ihren Fixierungen auf Sexualität, Ehre und »legitime« Erben sich auch in religiöse Lehren eingraben konnte, zeigen Traditionen der weiblichen Genitalverstümmelung, die sich in einigen afrikanischen und asiatischen Regionen unter Muslimen, Christen und auch Naturreligionen ausgebreitet haben und teilweise gar noch in Europa praktiziert werden. Sie werden meist von Frauen aufrechterhalten, auch die meisten »Beschneiderinnen« sind weiblich. Aber es sind eben auch gerade Frauen, darunter Musliminnen wie Waris Dirie, die sich für die Abschaffung dieser brutalen Tradition engagieren.[179]

Denn so schlimm Abermillionen Frauen muslimischer Herkunft von fehlender Bildung, völliger Abhängigkeit, Unterdrückung und Gewalt auch noch immer betroffen sind – immer mehr von ihnen nutzen die Chancen einer Bildungskarriere. Zumal sie in den nachwirkenden patriarchalen Familienstrukturen oft von klein auf zur Mithilfe im Haushalt und zur Zurückhaltung im öffentlichen Raum angehalten werden, gelingt vielen von ihnen die Einpassung in Kindergärten und Schulen oft besser als ihren Brüdern. Nicht wenige berufen sich geschickt auf die traditionell-islamische Wertschätzung von Bildung und nutzen religiöse Symbole wie das Kopftuch, um den eigenen Eltern Vertrauenswürdigkeit zu signalisieren. Überdurchschnittlicher Lesefleiß und gute Noten sind unter muslimischen Frauen entsprechend häufiger zu finden. Auch in deutschen Universitätsstädten gibt es seit Jahren Wohngemeinschaften religiöser muslimischer Frauen, die »Sittsamkeit« mit dem Willen zum Bildungsaufstieg verbinden. Viele dieser Studentinnen haben dabei von klein auf gelernt, in verschiedenen kulturellen Kontexten zu bestehen und bislang getrennte Wissensbestände zu verknüpfen.

Die Folgen dieser Entwicklung für die islamischen Gemeinschaften sind noch schwer zu überschauen: Nicht wenige der Bil-

dungsaufsteigerinnen begeben sich schließlich ebenfalls in den
»stillen Rückzug« aus dem Islam. Andere engagieren sich jedoch
umso mehr in ihren Familien und Gemeinden für eine erfolgrei-
che Reform der Traditionen.

Auch die Zahl der Eheschließungen mit Nichtmuslimen steigt
an; schon wegen der geringeren Zahl entsprechend gebildeter
männlicher Muslime akzeptieren muslimische Eltern immer öfter
eine nichtmuslimische Wahl ihrer Töchter. Dass manche traditi-
onalen Familien gebildete Musliminnen als mögliche Schwieger-
töchter nicht etwa wertschätzen, sondern eher ablehnen, verschärft
diesen Trend natürlich und beraubt auch ihre Söhne – und letztlich
die gesamte islamische Gesellschaft – um Bildungschancen.

Nicht wenige der Bildungsaufsteigerinnen muslimischer Herkunft stehen beruflich zunehmend öffentlich ihre Frau, wie sie sich
selbstverständlich auch für moderne Rollen- und Familienbilder
sowie die Bildung ihrer Kinder engagieren. Kurz: Stärker noch
als bildungsaufsteigende männliche Muslime – die es selbstverständlich auch gibt – beginnen Frauen muslimischer Herkunft das
bislang dominant westliche Bildungsbürgertum zu erweitern und
neue Rollenbilder, Argumente und auch Netzwerke und Literaturen zu entfalten.

Jene, die sich noch oder wieder als islamisch-religiös definieren,
können sich dabei durchaus auf historische Vorbilder berufen: So
tauchen schon in den frühesten Überlieferungsketten aus der Zeit
des Propheten Muhammad etwa zwölf Prozent Überlieferinnen
auf, darunter von ihm selbst unterwiesene Ehefrauen wie Aischa
und Umm Salama. Bis ins 9. Jahrhundert schwindet die Rolle von
Frauen (mit bemerkenswerten Ausnahmen wie der bereits erwähnten Rabia von Basra), bevor sie in den städtischen Bildungs-
milieus des 10. Jahrhunderts wieder aufblüht. Ab dem 16. Jahrhundert wurden Frauen wieder fast völlig aus der Gelehrsamkeit der
islamischen Welt verdrängt – was als weiteres Zeichen der Erstar-

rung und des Niedergangs verstanden werden darf (vgl. Kapitel 2).
Wenn die Forschungen dazu auch noch lange nicht abgeschlossen
sind, so lässt sich doch bereits mit einiger Sicherheit sagen: Frauen
haben in der islamischen Zivilisation auch in der Vergangenheit
am Aufbau und an der Entwicklung von Wissen aktiv teilgenom-
men; wenn man sie davon ausschloss, dann zum Schaden aller.[180]

Für islamische Bewegungen und Moscheegemeinden stellt sich
jetzt also wieder die Gretchenfrage, ob sie die wissens- und oft reformorientierten Beiträge von religiösen Bildungsaufsteigerinnen
akzeptieren oder sie durch Repression verlieren. Sollten islamische
Gemeinschaften wie ihre christlichen und jüdischen Pendants
verstärkt dazu übergehen, in Bildungs- und Betreuungsangebote
zu investieren, so dürfte der Einfluss bildungsorientierter Frauen
sowohl in den Gemeinden wie auch als Vorbilder in den Familien steigen. Schon jetzt ist an westlichen Hochschulen vielerorts
die Mehrzahl der Studierenden islamischer Theologie weiblich,
ebenso wie dies bei christlichen Theologiestudierenden der Fall
ist. Die zunehmende Gleichbehandlung von Frauen auch in Pfarr-
und Predigtämtern hat den evangelischen Kirchen zwar manche
konservative Kritik eingetragen, aber letztlich zu mehr theologi-
scher und auch gesellschaftlicher Dynamik beigetragen.

Meines Erachtens liegt im Bildungsaufstieg vieler Musliminnen
eine wesentliche – wenn nicht gar die entscheidende – Chance
für eine Erneuerung der islamischen Kultur und Religion in einer zunehmend globalisierten Welt. Manche Männer quer durch
alle Kulturen mögen das überkommene Patriarchat für das letztlich gar »biologische« Erfolgsrezept von Kulturen und Religionen
halten. Doch bei näherer interdisziplinärer Betrachtung ergibt sich
ein komplexeres und im Ergebnis anderes Bild: Jede Wirtschafts-
form begünstigt andere Familienstrukturen, und Religionen sind
gut beraten, Werte durch Innovationen zu erhalten. Das industrie-
zeitliche Ideal der Alleinverdienerehe hat ebenso wenig Ewigkeits-

anspruch wie die Kinder- oder gar Sklavenarbeit vergangener Jahrtausende. Wer sich allen Veränderungen versperrt, kehrt nicht in ein goldenes Zeitalter zurück, sondern in eine auch demografische Traditionalismusfalle.

Eine lebendige Kultur in einer Dienstleistungs- und Wissensgesellschaft wird nicht ohne gebildete Mütter – die wiederum ihre Kinder mitprägen – funktionieren. Der Islam verliert schon jetzt täglich Frauen, die sich im »stillen Rückzug« aus patriarchalischen Traditionen verabschieden und außerhalb islamischer Zusammenhänge Glück und Erfüllung suchen. Umgekehrt sind Konvertitinnen in den Islam selten bereit, alle Errungenschaften des Wissens und der Gleichberechtigung dauerhaft aufzugeben. Die Zukunft des Islams und auch der Menschheit insgesamt wird also nicht in einer Rückkehr in ein Patriarchat zu finden sein, im Gegenteil: Wenn eine Überwindung der Krise des Islams gelingen soll, dann sicher nur mithilfe bildungs- und aufstiegsorientierter Frauen und einer besseren Vereinbarkeit von Bildung und Glauben, von Beruf und Familie.

Und es gibt durchaus Möglichkeiten für uns alle – seien wir Muslime, Anders- oder Nichtglaubende –, dafür etwas zu tun.

6. Was Muslime und Nichtmuslime tun können, um die Krise des Islams zu überwinden

»Religion hat Macht.
✗ Sie verbindet Menschen zu einer Gemeinschaft.
✗ Sie bewegt Menschen zu handeln.
Sie verändert Leben.
Und was Macht hat,
kann gebraucht, missbraucht und beschmutzt werden.
Religion ist wie Feuer: Es wärmt, aber es verbrennt auch.
Und wir sind die Hüter des Feuers.«
Jonathan Sacks[181]

Ich hoffe, dass im Verlauf dieses Buches deutlich geworden ist: Freiheit, die nicht entschieden ausgefüllt wird, stirbt. Dies gilt in besonderer Weise – und nicht nur im Islam – für die Religionsfreiheit. Das Recht, seine vor allem durch die Familie tradierten religiösen und nichtreligiösen Überzeugungen ab der Jugend abzuwägen, verschiedene Formen von Wissen anzustreben, dabei bejahend oder verneinend aus dem Reichtum der Weltkulturen zu schöpfen und schließlich Mitgliedschaften in selbstgewählten Familien, Verbänden und Gemeinschaften zu suchen, bildet die Grundlage auch aller wirtschaftlichen und politischen Freiheit. Denn nur wer über die Bedeutungen, Wert-Setzungen, Bindungen und Beziehungen des eigenen Lebens ohne Gewaltandrohung selbst bestimmen darf, ist wirklich frei. Und Religionen verdienen es, als Angelegenheiten des Herzens und nicht des Blutes verstanden zu werden.

Deswegen sollten sich religiöse Muslime als solche verstehen und besser als bisher zivilgesellschaftlich organisieren. Zugleich sollten sich ehemalige Muslime lauter als bisher dagegen wehren, in denselben statistischen Topf geworfen zu werden. Es ist schlimm genug und ein grober Verstoß gegen das Menschenrecht der Religionsfreiheit, dass in Staaten wie der Türkei die Existenz religiöser und weltanschaulicher Minderheiten, etwa von Aleviten, Yeziden, Agnostikern und Atheisten, staatlich geleugnet und die Religionszugehörigkeit »Islam« standardmäßig im Pass eingetragen wird. Dass auch freiheitliche Demokratien und Teile ihrer Bürokratien und Wissenschaften diese Fehler gedankenlos übernehmen, macht die Sache nur noch schlimmer.

Nach deutschem Religionsverfassungsrecht haben bis zum 14. Lebensjahr die Eltern, danach nur noch die Menschen selbst, das Recht, über ihre religiöse oder weltanschauliche Zugehörigkeit zu entscheiden. Diese Errungenschaft sollten wir weder den Ansprüchen selbsternannter Islamfunktionäre noch einem liberalisierten Staatsislam opfern. Freiheitliche Staaten könnten religiöse Selbstorganisationen beispielsweise durch eine aus Steuergeldern und Spenden gespeiste Stiftung im Sinne einer Starthilfe unterstützen – doch es ist nicht ihre Aufgabe, den eigenen Bürgerinnen und Bürgern Freiheit und Verantwortung vorzuenthalten. Mit dem bundesdeutschen Avicenna-Studienwerk und den von der Robert-Bosch-Stiftung geförderten JUMA-Jugendgruppen sind erste beispielhafte Schritte in diese Richtung bereits geglückt. Ich stelle aber umso mehr in Frage, dass diejenigen staatlicherseits als »Muslime« zu zählen sind, die selbst keinen monatlichen Beitrag für ihre eigene Religion zu leisten bereit sind. Bei Christen verneinen wir diese Frage statistisch längst – wie ich meine, zu Recht.

Um zur Überwindung der lähmenden und auch gefährlichen Krise der islamischen Welt beizutragen, muss man kein Muslim sein. Die schnellste und wirkungsvollste Tat zur Schwächung von Diktaturen und Terrorgruppen besteht in der Reduzierung des Öl- und Gasverbrauches. Jede Solar- oder Biogasanlage, jedes Elektrofahrzeug, jede kluge Innovation und Wärmedämmung, jede eingesparte Flugreise und jeder recycelte Wertstoff tragen nicht nur zum Umwelt- und Klimaschutz, sondern auch zur Entgiftung der menschlichen Gesellschaften und Religionen bei. Niedrige Öl- und Gaspreise senken die Renteneinkommen autoritärer Eliten in Ölstaaten wie Saudi-Arabien und dem Iran bis hin zu Russland und den USA und zwingen sie zu Reformen. Dagegen stärken sie die arbeitenden Menschen durch niedrigere Lebenshaltungskosten, wirtschaftlichen Aufschwung und wachsende Mitbestimmungsansprüche von Steuerzahlenden.

Nicht irgendwelche freimaurerischen, zionistischen oder außerirdischen Superverschwörer, sondern wir selbst sind es, die durch unser tägliches Einkaufen und Verbrennen fossiler Rohstoffe seit über hundert Jahren Staatswesen und religiöse Traditionen autoritär und gewaltförmig verzerren. Die entschiedene Dekarbonisierung – der Abschied vom Verbrauch fossiler Energieträger – ist der wohl beste und glaubwürdigste Beitrag, den wir alle zu einer friedlicheren und freieren Entwicklung der Menschheit leisten können.

Auch die Förderung von Bildung ist jedem von uns möglich – beginnend bei uns selbst. Mit dem Lesen, Empfehlen und Verschenken von Wissensbüchern – wie diesem, so wage ich zu hoffen – sowie von Wissensmagazinen wie »Spektrum der Wissenschaft«, »Gehirn & Geist« usw. tragen Sie zum Aufbau von Weltwissen bei. Die Förderung von Bildungs- und Lesepatenschaften insbesondere für Kinder im In- und Ausland ist ein direkter Beitrag für eine hellere Zukunft.

Zudem gilt es, die entscheidende Rolle von Familien und sie unterstützenden Institutionen in Bildungsprozessen besser zu verstehen und zu fördern. So treffen beispielsweise die deutschen Kindergartengebühren nicht nur ausgerechnet junge Familien, sondern können bildungsschwache Eltern zum Daheimlassen des Kindes animieren. Die aus der späten Agrar- und frühen Industriearbeiterzeit stammenden Halbtagsöffnungszeiten und überlangen Ferien von Kindergärten und Schulen in Deutschland behindern

direkt den Bildungsaufstieg von Kindern aus bildungsfernen und
zugewanderten Familien – und hindern zudem auch bereits gebildete und doppelt berufstätige Familien an der Verwirklichung
weiterer Kinderwünsche. Die nicht ausreichend vorhandenen Be-
treuungs- und Bildungszeiten in Deutschland, Österreich und der
Schweiz wirken damit lebens-, integrations-, bildungs- und kultur-
feindlich und müssten dringend quantitativ und qualitativ ausge-
baut werden.

Inhaltlich stünde endlich eine ausreichende Berücksichtigung
der islamischen Geschichte in den schulischen Bildungs- und
Lehrplänen an. Es ist geradezu absurd, von Muslimen eine kri-
tisch-konstruktive Auseinandersetzung beispielsweise mit der
Geschichte des Osmanischen Reiches von dessen Gründung im
14. Jahrhundert über Süleyman den Prächtigen (1494–1566) bis
zum Siechtum als »kranker Mann am Bosporus« zu erwarten,
wenn die entsprechenden Kenntnisse gar nicht allgemein vermittelt werden.[182] In einer zunehmend globalisierten Welt und in unserer vielfältigen Gesellschaft gibt es keine Entschuldigung mehr
dafür, die Geschichte einer bedeutenden Weltreligion und der aus
ihr erwachsenen Großreiche zu ignorieren. Aufstieg und Fall des
Osmanischen Reiches gehören in jeden europäischen Bildungs-
plan!

Umgekehrt sollten Schulbuchprojekte die Darstellungen der
verschiedenen Religionen und Völker weltweit untersuchen und
aufdecken, wo Vorurteile und Hass vermittelt werden. Die Bekämpfung rechter, linker und religiöser Extremismen sollte ein
gemeinsames Anliegen aller vernünftigen Menschen sein. Wir
haben gesehen, dass das gemeinsame Merkmal aller Extremisten
ein letztlich dualistischer Verschwörungsglaube ist, der Dialog und
Bildung, Demokratie und Frieden untergräbt. Eine sehr viel stärkere, wissenschaftlich orientierte Erkennungs-, Beratungs- und
Präventionsarbeit sowie eine frühzeitige und effektive Strafver-

folgung könnten extremistische und terroristische Bewegungen schwächen und austrocknen.

Der von dem Journalisten Constantin Schreiber 2017 veröffentlichte »Moscheereport«[183] ist von Islamwissenschaftlerinnen und Theologen vielfach – und zum Teil zu Recht – kritisiert worden. Doch wäre zu fragen, warum die islambezogenen Wissenschaften nicht längst selbst eine jährliche Stichprobe von Moscheepredigten übersetzen und analytisch einordnen und damit sowohl hoffnungsvolle Entwicklungen wie auch Probleme in den islamischen Verbänden sichtbar machen. Ob in Gotteshäusern tatsächlich Liebe, Glaube, Integration und Bildung vermittelt werden oder aber Verschwörungsglaube, Hass und Hetze, sollte Politik, Bürgerschaft und wo nötig auch Sicherheitsbehörden interessieren.

Auf kommunaler Ebene sollte alle paar Jahre eine religionswissenschaftliche, allgemeinverständliche Übersicht über alle örtlich aktiven Religionsgruppen erstellt werden, wie dies beispielhaft schon für Leipzig getan wurde.[184] Dies informiert nicht nur die Stadtpolitik, Medien und Öffentlichkeit, sondern könnte in einem späteren Schritt auch zu besseren Landes- und Bundesdaten über die religiöse Vielfalt und Dynamik zusammengefasst werden. Mit dem Ruf nach der Präzisierung der religionsbezogenen Statistiken wurde dieses Buch in Kapitel 1 eröffnet – hier bleibt eine wissenschaftliche und staatliche Gemeinschaftsaufgabe zu erfüllen.

Nichtmuslime sind selbstverständlich nicht dazu verpflichtet, zur positiven Entwicklung islamischer Verbände und Religionsgemeinschaften beizutragen. Wenn sie dies aber wünschen, so können auch sie durch Dialog, die Lektüre kluger islamischer Autoren und Spenden an ausgewählte Selbstorganisationen wertvolle Beiträge für eine verbesserte Entfaltung islamischer Traditionen leisten.

Letztlich liegt das weitere Schicksal jeder Religion entscheidend in den Händen ihrer Mitglieder. Der größere Teil der Menschen muslimischer Herkunft versucht sich derzeit private Freiheitsräume durch den »stillen Rückzug« aus den islamischen Traditionen zu sichern. Doch gerade damit überlassen sie die Organisations- und Definitionshoheit über den Islam autoritären Politikern einerseits und halbgebildeten, häufig extremistischen Verschwörungsgläubigen andererseits.

Ich zögere deshalb nicht, an die Verantwortung und die Fähigkeiten meiner muslimischen Leserschaft zu appellieren: Setzen Sie ein Zeichen! Machen Sie von der Ihnen geschenkten Freiheit mutig Gebrauch, indem Sie sich entschieden für eine friedvolle Bildungsreformation des Islams engagieren und im eigenen Umfeld beginnen. Ja, Faktenwissen kann manchmal schmerzhaft sein – beispielsweise, wenn an die Stelle von idealisierten Geschichtsmythen über vermeintlich »goldene Zeiten« die meist komplexere historische Realität tritt oder ein Verständnis der Evolutionstheorie den vorwissenschaftlichen Kreationismus ablöst. Doch es hilft nichts: Die Zahl und Qualität der Bücher, die Musliminnen und Muslime pro Jahr lesen, entscheidet letztlich darüber, ob der Bildungs- und Identitätsgraben immer weiter aufreißt oder sich langsam wieder zu schließen beginnt. Gerade auch der Ölboom hat vielerorts unter Muslimen und Nichtmuslimen gezeigt, dass sich Güter und Technologien zwar einkaufen lassen, diese ohne lebendiges Wissen aber nicht in eine gute Zukunft führen.

Wirklich freiheitliche Staaten können Ihnen die gelingende Organisation islamisch-religiösen Lebens dabei nicht abnehmen – dazu müssen Sie selbst Ihren Beitrag leisten. Womöglich gibt es in Ihrer Region bereits eine ausreichend überzeugende Religionsgemeinschaft, in die Sie sich einbringen können. Und wenn nicht – wer hindert Sie daran, gemeinsam mit Mitsuchenden eine solche zu gründen? Freiheit, die nicht lebendig ausgefüllt wird, stirbt. Und ein Islam, der von den vernünftigen, aber »stillen« Mehrheiten den wenigen, aber lautstarken Fundamentalisten und Extremisten überlassen würde, hätte mittelfristig keine Zukunft.

Aus humanistischer, christlicher und jüdischer Sicht stellt die komplexe Krise des Islams dabei eher eine Mahnung dar als einen Grund zum Hochmut. Denn so, wie die islamische Zivilisation ihre lange Führungsrolle verloren hat, steht auch keine ewige Blüte anderer Hochkulturen fest. So ist ein demografisches Verebben säkularer Populationen täglich beobachtbar und hat auch Kirchen- und Synagogengemeinden längst erfasst. Gerade der Gewinn an Bildung, Wohlstand und Sicherheit bringt beinahe naturnotwendig auch Traditionalismusfallen, Säkularisierungsprozesse und Geburtenrückgänge mit sich. Die Integration und Bildung von Neuzuwanderern kann aber nicht dauerhaft gelingen, wenn die einheimische Bevölkerung demografisch zu schnell zurückgeht und sich die Mittel- und Oberschichten zudem in eigene Wohnviertel und Bildungswege zurückziehen.

Rassisten überschätzen die Bedeutung der Biologie. Aber viele Demokraten unterschätzen umgekehrt die Bedeutung von Kultur, die immer auch in Familien tradiert wird. Wer ernsthaft meint, Zugewanderte ließen sich in beliebiger Anzahl allein über Schulen nicht nur formal bilden, sondern auch in Werten und Mythen »umerziehen«, bürdet Lehrerinnen und Lehrern Unlösbares auf und verursacht und verschärft genau die Verschwörungsängste, Bildungs- und Identitätskrisen, von denen hier die Rede war.

Zu den unangenehmen Wahrheiten der Geistesgeschichte gehört: Auf Dauer überlebt keine religiöse oder weltanschauliche Tradition ohne ausreichend viele kinderreiche Familien. Ob muslimischer Kulturverein, humanistischer Verband oder christliche Gemeinde: Überalternde Gruppen sind für Suchende dann auch eher uninteressant, wogegen junge, aufstrebende Gemeinschaften Interessierte und Gleichgesinnte von selbst anziehen. Ich gehöre selbst zu einer evangelischen Landeskirche, die es sich im jahrzehntelangen Schrumpfungsprozess allzu behaglich eingerichtet hat und gerade auch demografische Fragen leider noch immer

kaum bedacht, erforscht und diskutiert. Für sie gilt ebenso wie für
muslimische Traditionen: Verdrängen verschärft den Niedergang
nur, bis er zur Krise wird.

Welche Traditionen werden die Zukunft prägen? Die vorliegen-
den Befunde der Religionsdemografie weisen sehr eindeutig darauf hin, dass *religiöse* Traditionen mit der Theodizee (der Frage
nach dem Grund des unverschuldeten Leides in der Welt) zu ringen haben, *nichtreligiöse* aber mit der Anthropodizee (der Frage
nach dem Grund, überhaupt Leben, das Leid ausgesetzt ist, in die
Welt zu setzen). Hier scheinen Religionen – und bislang nur Religionen – ausreichend personal und sinnhaft erfahrene Antworten
geben zu können, zu denen auch attraktive Angebote der Famili-
enhilfe, Bildung und Betreuung gehören.[185]

Weder die Weltreligionen noch die empirischen Wissenschaften
sind also an ihrem Ende angelangt; wenn wir uns dazu entscheiden,
sind lebensförderliche Aufbrüche und faszinierende Entdeckungen möglich. Und in aktiver Förderung von Wissen und gelingen-
dem Leben, in gegenseitigem Respekt und friedlichem Wetteifern
um das Gute gemeinsam nach den inneren und äußeren Sternen
zu greifen – was könnte Muslime, Christen, Juden, Anders- und
Nichtglaubende besser verbinden? Leugnen wir die Krisen nicht
länger, lösen wir sie! Denn eine lebenswerte Zukunft gewinnen wir
nur im Miteinander.

Glossar

ABI bedeutet auf Türkisch »großer Bruder«. In der Hizmet- bzw. Gülen-Bewegung werden so auch religiöse Autoritätspersonen genannt, denen besondere Weisheit zugeschrieben wird.

ADAWIYA-ORDEN ist die Bezeichnung für eine islamisch-sufische (»mystische«) Tradition, die vom Irak bis Ägypten viele vor allem arabische Anhänger hat. Als Begründer der Adawiya gilt Scheich Adi ibn Musafir (1073–1163). Außer von (muslimischen) Adawiya-Anhängern wird Scheich Adi aber auch von (nichtmuslimischen) Yeziden verehrt: Sie halten ihn für eine menschliche Inkarnation des obersten Engels Tausi Melek. Sein Grabmal in Lalisch bildet daher das höchste Heiligtum des Yezidentums.

AHMADDIYA Diese islamische Sondergemeinschaft beruft sich auf die Person und die Lehren des Mirza Ghulam Ahmad (1835–1908) im damaligen Britisch-Indien und heutigen Pakistan. Der Hauptzweig der Bewegung betrachtet Ahmad als wiedergekehrten Jesus und Krischna, als Messias und auch als Propheten, wenn auch ohne weitere Heilige Schrift. Die Bewegung ist weltweit missionarisch aktiv und fördert auch die »weltliche« Bildung ihrer Anhänger. Aufgrund ihrer Lehren wurde die Ahmaddiya u. a. vom pakistanischen Parlament und von Saudi-Arabien zu »Nichtmuslimen« erklärt und bis heute teilweise blutig verfolgt. Viele flohen nach Europa; der derzeitige Kalif des Hauptzweiges residiert in London. Eine jährliche Weltversammlung der Gemeinschaft findet in Baden-Württemberg statt.

AKP steht für türkisch: »Adalet ve Kalkinma Partisi«, deutsch: »Partei für Gerechtigkeit und Aufschwung«. Sie wurde 2001 als Abspaltung einer älteren politischen Partei gegründet und brachte den heutigen tür-

kischen Präsidenten Recep Tayyip Erdoğan an die Macht. Nach einer
Phase demokratischer und nach Europa orientierter Reformen kehrte
die AKP unter Erdoğan zu einer Politik des türkischen Nationalismus
und einer Orientierung an einem verklärten Osmanischen Reich zurück. Ihre Ablehnung von Gewaltenteilung, Menschenrechten und empirischen Wissenschaften (insbesondere der Evolutionstheorie) wird
vor allem über Verschwörungsmythen begründet.

Alawiten bilden eine vor allem in Syrien lebende islamische Sondergemeinschaft, die der Schia verbunden ist und eine besondere Verehrung des Prophetennachfolgers Ali pflegt. Sie sind religionsgeschichtlich verwandt, aber nicht identisch mit den kurdisch-türkischen Aleviten. Das syrische Herrscherhaus der al-Assads stützt sich vor allem auf
alawitische Truppen, die im Falle eines Sturzes Rache und Verfolgungen
durch die sunnitische Mehrheit der Syrer befürchten müssen. Auch der
Iran unterstützt das syrische Regime, bemüht sich aber daneben zunehmend um eine Umerziehung von Alawiten zu »richtigen« Schiiten.
Nach Schätzungen soll es noch rund drei Millionen Alawiten geben.

Aleviten Wie die arabischen Alawiten pflegen auch die kurdischen
und türkischen Aleviten eine besondere Verehrung des Prophetennachfolgers Ali und sammeln sich in eigenen Cem-Gotteshäusern.
Gegen Verfolgungen und Diskriminierungen im Osmanischen Reich
leisteten sie oft Widerstand, vermochten sich aber mit dem Aufbau der
türkischen Republik zu arrangieren, obgleich die Türkei bis heute das
Alevitentum nicht als eigenständige Religionsgemeinschaft anerkennt.
Neben Aleviten, die unter türkisch-sunnitischem Druck (zwangs-)as-
similiert werden, versteht eine wachsende Zahl von Aleviten ihre Religion als eigenständig oder gar nichtislamisch. Viele vor allem jüngere
Aleviten deuten das Alevitentum zudem als humanistische und letztlich
nichtreligiöse Lehre.

ALI IBN TALIB war der Vetter und Schwiegersohn des Propheten Muhammad sowie gewählter Kalif. Er wurde im Jahr 600 geboren und 661 nach dem Gebet von einem Charidschiten ermordet. Jene Muslime, die in ihm und seinen Nachkommen die einzig wahren Prophetennachfolger sahen, wurden zur Konfession der Schiiten (von Schiat Ali = Partei Alis). Als direkter Zugang zum Göttlichen wird Ali in den religiösen Traditionen der arabischen Alawiten und der türkisch-kurdischen Aleviten verehrt.

ALLAHU AKBAR ist ein häufiger islamischer Aus- und auch Schlachtruf, wörtlich: »Gott ist größer!« Er betont die Überlegenheit Gottes gegenüber allem anderen.

AL-QAIDA bedeutet auf Arabisch »die Basis, das Fundament« und ist die Bezeichnung eines Terrornetzwerkes, das durch Osama bin Laden (1957–2011) gegründet wurde. Wie andere »islamistische« Gruppen behauptet Al-Qaida, die wahre islamische Lehre gegen eine weltweite Superverschwörung zu verteidigen. Dazu seien Gewalt und auch Terroranschläge notwendig und religiös geboten.

APOSTASIE (von griechisch: *apostasia* = Abfall, Wegtreten) bedeutet die Abkehr eines Menschen von seiner bisherigen Religionsgemeinschaft. Während die meisten christlichen Kirchen – wenn auch oft widerwillig – inzwischen das Menschenrecht der Religionsfreiheit anerkannt haben, wird die Apostasie von vielen islamischen Bewegungen und teilweise auch noch Staaten mit Körper- oder sogar Todesstrafen bedroht. Radikale Gruppen wie die Wahhabiten bezeichnen andersdenkende Muslime als »Takfir« (Abgefallene, Apostaten) und begründen damit Gewalt und auch Attentate gegen sie.

AVICENNA-STUDIENWERK heißt das 2012 gegründete, vorerst jüngste von 13 durch die Bundesrepublik Deutschland anerkannten und mitfinanzierten Begabtenförderungswerken in Deutschland. Es fördert vor allem muslimische Studierende und Doktoranden durch Stipendien und Seminare. Namensgeber ist der bedeutende islamische Gelehrte Abdullah bin Sina (980–1037), dessen Name in Europa zu »Avicenna« latinisiert wurde.

BOKO HARAM bedeutet wörtlich »Westliche Bildung ist Sünde« und bezeichnet eine islamisch-radikale Miliz in Nigeria, die durch Terroranschläge sowie Entführungen gegen Christen und andersdenkende Muslime vorgeht. Laut den Boko-Haram-Lehren handelt es sich bei westlicher und weltlicher Bildung um einen Bestandteil einer teuflischen Superverschwörung gegen den Islam, die mit Gewalt bekämpft werden müsse.

CEM-HAUS bedeutet auf Türkisch »Versammlungshaus«; das Wort bezeichnet die Gotteshäuser der türkisch-kurdischen Aleviten. Die türkische Republik erkennt jedoch das Alevitentum nicht als eigenständige Konfession oder Religion an und errichtet daher auch in alevitisch geprägten Dörfern und Stadtteilen sunnitische Moscheen mit staatlich besoldeten Predigern.

CHARIDSCHITEN (von Arabisch *charadscha* = sich absondern) waren eine frühislamische Gruppe, die nach dem Tod des Propheten Muhammad (570–632) entstand und Kompromisse ablehnte. Ein Charidschit ermordete auch den Kalifen Ali ibn Talib (600–661), der sich um eine Einigung mit seinen innermuslimischen Gegnern bemüht hatte. Aus den Charidschiten ging die bis heute bestehende Gruppe der Ibaditen in Oman und Teilen Afrikas hervor, die jedoch nach eigenem Bekunden die Gewaltbereitschaft der frühen Charidschiten abgelegt hat. Viele Muslime benutzen die Bezeichnung »Charidschit« als Schimpfwort gegenüber islamischen Extremisten.

DAESCH lautet das Akronym (die Aneinanderreihung der Anfangs-
buchstaben) des »Islamischen Staates« und klingt in der Aussprache
ähnlich wie »Zwietracht« oder »zertreten«. Die meisten arabischen, türkischen, persischen und kurdischen Sprechenden nutzen »Daesch« als
abwertende Bezeichnung des IS, um diesem nicht das Prädikat »islamisch« zuzugestehen.

DERWISCH stammt aus dem Persischen (*darwisch* = arm, Bettler) und
bezeichnet Anhänger der islamischen Mystik (des Sufismus), die nach
den Vorbildern christlicher, aber auch buddhistischer und hinduisti-
scher Mönche zugunsten der Gottesliebe auf irdische Güter verzichte-
ten. Derwische schlossen sich meist zu Ordensgemeinschaften zusammen. Weltweit bekannt sind die »tanzenden Derwische von Konya«, die
mit ihrem Kreistanz Gottes Nähe symbolisieren und suchen.

DEUTSCHE ISLAMKONFERENZ (DIK) wurde eine Dialogreihe zwischen dem deutschen Staat und Vertreterinnen und Vertretern des Islams genannt, die erstmals 2006 vom damaligen Bundesinnenminister
Wolfgang Schäuble zusammengerufen wurde. Die DIK wird bis heute
weitergeführt und hat unter anderem verschiedene wissenschaftliche
Studien in Auftrag gegeben.

DHIMMI bezeichnet in der frühislamischen Geschichte einen »Schutz-
befohlenen«, der im Austausch gegen spezielle Steuern zwar keine
vollen Bürger-, aber einklagbare Schutzrechte hatte. Vor allem Christen und Juden wurden in den frühen islamischen Reichen häufig als
»Dhimmi« anerkannt. Heute wird der Begriff auch abwertend gegenüber nichtmuslimischen Demokratinnen und Demokraten verwendet,
denen vorgeworfen wird, sich aus Naivität oder Feigheit einer kommenden »Islamisierung« unterwerfen zu wollen.

DITIB ist das Akronym von »Diyanet İşleri Türk İslam Birliği«, deutsch: Türkisch-Islamische Union der Anstalt für Religion e. V. Es handelt sich um den bislang größten Moscheeverband in Deutschland, der über die türkischen Botschaften und Konsulate weitgehend vom türkischen Staat kontrolliert wird. Auch zentrale Funktionäre sowie die Imame (Vorbeter und Prediger) der DITIB-Moscheen werden als Beamte vom türkischen Staat entsandt und finanziert.

DIYANET lautet die Kurzbezeichnung für die türkische »Diyanet İşleri Başkanlığı«, deutsch: das Präsidium für Religionsangelegenheiten. Diese bereits 1924 von Kemal Atatürk (1881–1938) begründete Behörde finanziert und kontrolliert als Nachfolgerin des osmanischen »Scheich al-Islam«-Amtes den sunnitischen Islam in der Türkei und den Auslandsvertretungen wie der deutschen DITIB. Der türkische »Laizismus« bezeichnete also nicht wie in Frankreich eine Trennung von Kirche und Staat, sondern eine Unterwerfung der Religion unter den Staat. Nachdem die Diyanet seit den 1980er-Jahren zunehmend Eigenständigkeit gegenüber den türkischen Regierungen gewonnen hatte und Diskussionen über eine echte Trennung von Religion und Staat begonnen wurden, wurde die Diyanet unter der Herrschaft von Recep Tayyip Erdoğan (AKP) zuletzt wieder völlig staatlicher Kontrolle unterworfen. Auch theologische Reformansätze etwa an der Universität Ankara und im interreligiösen Dialog wurden wieder unterdrückt.

DSCHIHAD bedeutet auf Arabisch »Anstrengung« und wird islamisch als »Bemühung auf dem Wege Gottes« gedeutet. Häufig wurde darunter auch das Kämpfen verstanden. Aber die islamische Tradition kennt auch die Unterscheidung zwischen dem »kleinen Dschihad« – dem Kampf gegen äußere Feinde – und dem »großen Dschihad«, dem Kampf gegen das Böse im eigenen Inneren. Die Übersetzung als »Heiliger Krieg« lehnen die meisten Muslime schon deswegen ab, weil nach islamischer Lehre nur Gott heilig sei, nie aber ein Menschenwerk.

DSCHIHADISMUS bezeichnet islamische Bewegungen wie Al-Qaida oder Daesch (IS), die den bewaffneten Kampf gegen Nichtmuslime und Apostaten als religiöse Pflicht verkünden. Mit dem Dschihadismus geht regelmäßig der Verschwörungsglaube einher, sich nur auf diesem Wege gegen eine weltweite Superverschwörung wehren zu können.

FITRA (arabisch: »Schöpfung, Veranlagung, Natur«) bezeichnet in der islamischen Theologie die Überzeugung, dass alle Menschen mit einer veranlagten Religiosität geboren würden. Nach einigen Überlieferungen werden alle Menschen als Muslime geboren, dann aber durch die Familien und Umgebungen religiös in verschiedenste Richtungen geprägt.

FUNDAMENTALISMUS Nach einer Schriftenreihe »The Fundamentals« bezeichnete sich Anfang des 20. Jahrhunderts eine vor allem amerikanisch-evangelische Glaubensbewegung, die gegen das Anwachsen von Wissenschaft, Bildung, Zweifeln und Reformen vermeintlich ewige Wahrheiten – zum Beispiel die Ablehnung der Evolutionstheorie oder von Pfarrerinnen – setzen wollte. Als »Fundamentalisten« werden heute allgemein religiöse Bewegungen bezeichnet, die auf der Basis vermeintlich ewiger Auslegungen Teile der Moderne ablehnen, andere aber akzeptieren. So kann man den Salafismus als islamische Ausprägung des Fundamentalismus verstehen.

GÜLEN-BEWEGUNG bezeichnet eine islamische Bildungsbewegung um den türkischen, seit Längerem in den USA lebenden Prediger Fethullah Gülen (geb. 1941). Gülen wollte dabei keine Religionsgemeinschaft in Konkurrenz zur türkischen Diyanet begründen, sondern sich auf die Bildung einer neuen Generation konzentrieren. Entsprechend lehrte er: »Baut Schulen, keine Moscheen.« Auch lehnte er die Bezeichnung der Bewegung nach seinem Namen ab und schlug stattdessen den Namen *Hizmet* (türkisch: Dienst) vor. Gülen verbündete sich mit verschiede-

nen türkischen Parteien, zuletzt mit der AKP unter Recep Tayyip Erdoğan. Doch dieser warf seinem langjährigen Weggefährten Gülen
schließlich vor, Teil einer gegen die Türkei und den Islam gerichteten
Superverschwörung zu sein und einen Putschversuch unternommen zu
haben. Erdoğan ordnete Verfolgungen gegen Zehntausende echter oder
vermeintlicher Anhänger der Bewegung an.

HADITH (aus dem Arabischen für »Überlieferung, Erzählung«) bezeichnet Traditionen zu Aussagen und Taten des Propheten Muhammad und seiner engsten Gefährten. Verschiedene Rechtsschulen erkennen dabei verschiedene Hadith-Sammlungen an. Die (nirgendwo je
abschließend definierte) Gesamtheit der Überlieferungen zum Leben
des Propheten wird auch als Sunna bezeichnet.

HEME SURI bezeichnet eine kleine, kurdisch-islamische Religionsgemeinschaft aus bis zu 40 Familien, die dem Gelehrten Heme Sur (1905–
1986) folgten und eine Siedlung bei Kirkuk im heutigen Irak gründeten.
Die Heme Suri lehnten – wie die christlichen Shaker in den USA – Privateigentum ebenso ab wie das Zeugen weiterer Kinder und beriefen
sich dabei auf Vers 28 der 8. Sure des Korans. Entsprechend begann ihre
Zahl nach kurzer Blüte zu schrumpfen; heute gelten sie als erloschen.
Dagegen leben in den USA derzeit noch drei Shaker.

HIZMET (türkisch: »Dienst«) ist die Selbstbezeichnung der Gülen-Bewegung. Deren Mitglieder vertreten das Selbstverständnis, als Freiwillige vor allem durch Bildungsarbeit in den Dienst an ihrer Gemeinde,
den Muslimen und der Menschheit insgesamt getreten zu sein. Die türkische Regierung wirft der Hizmet-Bewegung die Beteiligung an einer
Superverschwörung vor und fordert ihr weltweites Verbot sowie die
Auslieferung der Anhänger in türkische Gefängnisse.

IMAM heißt der Vorbeter und Prediger im Gemeinschaftsgebet, meist in einer Moschee. In der Theorie kann jeder würdige Muslim – und bei einer reinen Frauengruppe auch jede würdige Muslimin – als Imam amtieren, doch in der Praxis haben sich Prüfungen und formale Ernennungen ergeben. Imam kann auch Ehrentitel für religiöse Vorbilder sein. So werden die Nachfahren von Ali ibn Talib von den Schiiten als »Imame« geehrt; viele hoffen auf eine Wiederkehr eines »verborgenen Imams«.

IQRA, arabisch für »Lies!«, soll der Engel Gabriel dem leseunkundigen Propheten Muhammad (571–632) geboten haben. Eigentlich bedeutet *iqra* eher so viel wie »lesendes Rezitieren«. Die vom Propheten »gelesenen« und dann wiederum verschrifteten Offenbarungen wurden zum islamischen Koran.

IS ist die Abkürzung für den »ISLAMISCHEN STAAT«. Diese von Anfang an auf Raumeroberung durch Terror und Kriegszüge zielende Gruppe spaltete sich im Irak ab 2007 von Al-Qaida ab. Sie eroberte große Gebiete im Irak und in Syrien und rief ein Kalifat aus. Die meisten anderen Muslime erkannten den Anspruch des IS jedoch nicht an und bezeichnen ihn verächtlich als Daesch.

ISLAM bezeichnet mit über einer Milliarde Anhängern die derzeit zweitgrößte Weltreligion nach dem Christentum. Abgeleitet aus dem arabischen Wort *aslama* (sich ergeben, hingeben), bedeutet »Islam« eigentlich die Hingabe in den Willen Gottes. Viele Muslime sehen jedoch auch eine Nähe zum arabischen Wort *salam* (Friede) und wollen den Islam daher als Religion des Friedens verstanden wissen.

ISLAMISMUS bezeichnet totalitäre Ideologien auf Basis islamischer Lehren. Im Islamismus wird der Islam nicht nur als Religion verstanden, sondern als umfassende Lehre, die auch perfekte Antworten auf alle

Fragen der Politik, Wissenschaften, Kunst usw. enthalte. Entsprechend zielen islamistische Bewegungen auf eine Abschaffung von Demokratie und Gewaltenteilung und erklären sich den schlimmen Zustand der meisten islamisch geprägten Gesellschaften durch Verschwörungsmythen. Viele Muslime empfinden den Begriff »Islamismus« als problematisch, da er diesen Extremisten zu Unrecht zugestehe, für den Islam zu stehen.

JANITSCHAREN waren die zum Islam zwangskonvertierten Militärsklaven des Osmanischen Reiches, die weder heiraten noch Privatbesitz haben durften. Gegründet im 14. Jahrhundert, bestanden sie zunächst aus Kriegsgefangenen und Sklaven. Später wurden Kinder aus nichtmuslimischen, vor allem christlichen Familien in der »Knabenlese« eingezogen, zwangskonvertiert und zu Janitscharen ausgebildet. Als Elitesoldaten des Reiches hatten sie großen Anteil an dessen Ausbreitung. Später widersetzten sie sich jedoch Armeereformen und trugen so zum auch militärischen Niedergang des Reiches bei.

JUMA steht für »jung, muslimisch, aktiv«. Die JUMA-Jugendgruppen verstehen sich nicht als religiöses Projekt, sondern als partizipative Plattform, die vielen jungen Muslimen in Berlin und Baden-Württemberg eine Stimme verleiht und ihnen Möglichkeiten zur Qualifikation und Entfaltung ihres gesamtgesellschaftlichen Engagements bieten. Islamische Organisationen unterstützen das Projekt zwar, die Finanzierung wird jedoch bislang von nichtmuslimischen Stiftungen sowie dem deutschem Staat beigesteuert.

KALIF (von arabisch: *chaliffah* = Stellvertreter) bezeichnet in der islamischen Tradition einen Stellvertreter Gottes oder des Propheten. In der islamischen Geschichte entwickelten sich verschiedene Kalifate als islamisch legitimierte Reiche, die jedoch ab dem 15. Jahrhundert untergingen. Am 3. März 1924 erklärte die türkische Nationalversammlung unter Kemal Atatürk (1881–1938) das osmanische Kalifat für erloschen und schickte den letzten Kalifen ins Exil. Heute haben nur noch kleinere islamische Bewegungen wie die Ahmaddiya oder der »Islamische Staat« (IS) eigene Kalifen, die jedoch meist nur von der eigenen Anhängerschaft anerkannt werden.

KALIFAT bezeichnet ein Staatswesen mit einem Kalifen an der Spitze. Der »Islamische Staat« (IS) erhebt seit 2014 den Anspruch, wieder an die Zeit der Kalifen direkt nach dem Propheten Muhammad anzuknüpfen. Doch die allermeisten Muslime lehnen (auch) diesen Anspruch ab und bezeichnen den IS abwertend als *Daesch*.

KALIFATSSTAAT war die Selbstbezeichnung eines Moscheeverbandes um den selbsternannten, aus der Türkei stammenden »Kalifen« Cemaleddin Kaplan (1925–1995), den dieser in Deutschland gegründet hatte. Nachdem sein Sohn und Nachfolger zum (dann auch getätigten) Mord an einem »Gegenkalifen« aufgerufen hatte, wurde der »Kalifatsstaat« von den deutschen Behörden verboten, dessen »Kalif« verhaftet und später in die Türkei abgeschoben.

KEMALISMUS bezeichnet die politischen Weltanschauungen mit Berufung auf den Gründer der türkischen Republik, Kemal Atatürk (1881–1938). Atatürk erlebte den Niedergang des Osmanischen Reiches mit und war davon überzeugt, dass der erstarrte Islam und dessen Ulama dafür verantwortlich waren. Entsprechend ließ er das Kalifat abschaffen, die Religion dem Diyanet-Präsidialamt unterwerfen, die zahlreichen Sufi-Orden verbieten und strikte »laizistische« Reformen durchführen. Zudem reorganisierte er das Rechts- und Bildungswesen nach europäischen Vorbildern und ersetzte das osmanische durch ein lateinisches Alphabet. Da jedoch Mehrheiten in der Türkei religiös geprägt und die säkularen »Kemalisten« eine kinderarme Minderheit blieben, wurde Atatürk in der Türkei zunehmend »islamisch« reinterpretiert und bei-

spielsweise seine massive Kritik am Propheten wie auch sein Alkohol-
genuss geleugnet. Heute beruft sich sogar die aus dem Islamismus stammende AKP auf das Erbe Atatürks.

KORAN (von arabisch *al-Quran* = die Lesung, Rezitation) bezeichnet
die verschriftete Sammlung der Offenbarungen, die der Prophet Muhammad durch den Engel Gabriel von Gott erhalten habe. Es ist die zentrale Heilige Schrift sowohl des sunnitischen wie des schiitischen Islams.
Während Gottes Wort im Christentum in Jesus »Mensch geworden« ist,
ist es im Islam »Buch geworden«; es darf daher nicht verändert und nur
auf Arabisch rezitiert werden. Aus dieser hohen Bedeutung des Korans
wurde die Autorität der Ulama und auch das Verbot des Buchdrucks
arabischer Zeichen ab 1485 abgeleitet.

KORANSCHULEN (arabisch: Madrasa, türkisch: Medrese) vermitteln
Arabisch, die Lesung des Korans und Überlieferungen des Islams. Es
gibt sie seit der Frühzeit des Islams; nach dem Verbot des Buchdrucks
ab 1485 erstarrte das islamische Bildungssystem jedoch im Vergleich zu
den europäischen und später auch US-amerikanischen Pendants. In Europa existieren sie neben den normalen Schulen. In der mehrheitlich
islamischen Welt können sich Eltern vielerorts keine andere Bildung für
ihre Kinder leisten, so dass viele Koranschüler eine sehr traditionelle
Ausbildung erhalten, daraus aber wenig Arbeits- und Aufstiegschancen
ableiten können. Ein Beispiel sind die afghanischen Taliban, die sich als
Absolventen afghanischer Koranschulen bezeichnen.

KURDEN sind eine Ethnie mit ca. 25 Millionen Angehörigen, die nach
dem Zerfall der islamischen Reiche zu Minderheiten in verschiedenen
Nationalstaaten wurden, vor allem in der Türkei, im Irak und in Syrien.
Sie gliedern sich in verschiedene Sprachgruppen und auch Religionen,
Stämme und Parteien und konnten dementsprechend immer wieder
gegeneinander ausgespielt werden. Viele Kurden glauben, dass alle Kur-

den ursprünglich Zoroastrier oder Yeziden gewesen seien, bevor ihnen der Islam gebracht oder aufgezwungen worden sei.

LAIZISMUS (vom griechischen Wort *laikos* = Laie [im Gegensatz zum Priester], Mensch aus dem Volk [*laós*]) bezeichnet vor allem in Frankreich die strikte Trennung von Kirche und Staat und die Verdrängung der Kirche aus dem öffentlichen Raum. Der Laizismus in der Türkei geht mit einer Unterordnung des Islams unter das Präsidialamt der Diyanet einher.

LIBERAL-ISLAMISCHER BUND (LIB) bezeichnet einen Verein von Muslimen (und auch fördernden Nichtmuslimen) in Deutschland, die sich um die Etablierung eines modernen, demokratischen Islamverständnisses bemühen. Frauen sind im LIB gleichberechtigt und nehmen oft Führungsrollen ein. Obwohl Thesen und Bücher von LIB-Mitgliedern weithin gelesen und diskutiert werden, hat der Bund bislang kaum 200 zahlende Mitglieder gewinnen können.

MADRASA ist das arabische Wort für Koranschule.

MILLI GÖRÜŞ (IGMG) (aus dem Türkischen: »Nationale Sicht«) bezeichnet einen auch in Deutschland vertretenen Moscheeverband (Islamische Gemeinschaft Milli Görüş) mit Wurzeln im türkischen Islamismus und mit ausgeprägtem Verschwörungsglauben. Immer wieder versuchte Milli Görüş, durch Parteigründungen die Macht in der Türkei zu erringen und zu halten. Die türkische Regierungspartei AKP gilt als Abspaltung der IGMG, die in Europa und insbesondere in Deutschland jedoch stark bleibt.

MOSCHEE (aus dem Arabischen: *masdschid* = Ort der Niederwerfung) bezeichnet den Ort des Ritualgebets und der Predigten im sunnitischen und schiitischen Islam. Da in Moscheen keine Bilder angebracht werden sollen, werden sie im Inneren oft durch arabische Kalligrafie verziert.

MOSCHEEVERBAND steht für den Zusammenschluss mehrerer Moscheegemeinden (in Deutschland meist: Moscheevereine). Die größten Moscheeverbände in Deutschland sind die DITIB und der VIKZ, kleinere der Zentralrat der Muslime (ZMD) und die IGMG (Milli Görüş).

MOSCHEEVEREINE bilden die in Deutschland häufigste Organisationsform einer Moscheegemeinde in der Rechtsform eingetragener Vereine (e. V.). In islamisch geprägten Ländern werden Moscheen häufig auch durch den Staat, durch Stiftungen oder einfach die lokale Dorfgemeinschaft betrieben. In Deutschland haben sich viele – aber nicht alle – Moscheevereine zu Moscheeverbänden zusammengeschlossen.

MUHAMMAD (ca. 570–632) gilt als Prophet des Islams und nach islamischer Lehre auch als abschließendes »Siegel der Propheten«. Ihm wurde nach islamischer Lehre der Koran offenbart; er gilt nicht – wie Jesus Christus – als Sohn, Wort oder Geist Gottes. Entsprechend ist es nach islamischem Selbstverständnis falsch, Muslime analog zu Christen als »Muhammedaner« zu bezeichnen.

MUSLIM bezeichnet im engeren Sinne einen Anhänger der im 7. Jahrhundert entstandenen Weltreligion des Islams, in einem weiteren Sinne aber alle Menschen, die sich wahrhaft Gott ergeben (haben). In diesem Sinne können beispielsweise auch Abraham, Mose und Jesus als »Muslime« gelten.

MUSLIMBRÜDER bezeichnet eine aus Ägypten stammende islamistische Bewegung. Schon früh prägte die »Muslimbruderschaft« verschiedene Zweige und Abspaltungen aus und gewann im Juni 2012 mit Mohammed Mursi die ersten und bislang einzigen freien Präsidentschaftswahlen in Ägypten. Schon im Juli 2013 wurde Mursi nach Massenaufständen in einem Militärputsch jedoch wieder gestürzt und seitdem wird die Muslimbruderschaft in Ägypten blutig verfolgt.

MUSLIMISCHES FORUM DEUTSCHLAND ist eine Plattform von muslimischen und auch nichtmuslimischen Persönlichkeiten des öffentlichen Lebens, die für demokratische und humanistische Lesarten des Islams eintreten wollen. Es wurde im April 2015 mithilfe der Konrad-Adenauer-Stiftung gegründet, die wiederum der deutschen Christdemokratie nahesteht.

MUTAZILITEN (vom Arabischen für »die sich Absetzenden«) nennt man eine ab dem 9. Jahrhundert nachweisbare Lehrströmung im Islam, die auch den Koran als göttliche Schöpfung – und damit als zeitlich – betrachtete sowie die Willensfreiheit und Vernunft des Menschen betonte. Sie konnte sich jedoch in der islamischen Geistesgeschichte (bislang) nicht durchsetzen. Nicht wenige gebildete Muslime versuchen gerade heute – etwa im Dialog mit den empirischen Wissenschaften – wieder zunehmend an Lehren der Mutaziliten anzuknüpfen, werden dabei aber von extremen Konkurrenten noch immer oft der Apostasie beschuldigt.

MYSTIKER (vom griechischen Wort *mystikos* = geheimnisvoll) gibt es in allen Weltreligionen und darüber hinaus. Sie gehen davon aus, dass sich hinter den offensichtlichen Deutungen religiöser Überlieferungen auch noch immer tiefere und geheime Deutungen ausfindig machen lassen, vielfach beschrieben als Selbsttranszendenz und Erfahrung des Göttlichen. Entsprechend werden sie von etablierten religiösen Funktionären oft mit Misstrauen betrachtet und bisweilen auch verfolgt. Der Sufismus gilt als die Ausprägung der Mystik im Islam.

»NAHDLATUL ULAMA«-BEWEGUNG (NU) ist ein Zusammenschluss indonesisch-traditioneller Islamgelehrter von 1926 gegen die Ausbreitung des extremen Wahhabismus. Mit heute rund 40 Millionen Mitgliedern bildet die NU die weltweit größte islamische Selbstorganisation der Zivilgesellschaft. Sie betrachtet die Scharia als persönlichen Glaubensweg, lehnt die Errichtung eines islamischen Kalifats ab und unterstützt die indonesische Demokratie.

NAFS AL-AMMARA lautet die traditionelle islamische Bezeichnung für das »niedere Ego«, das den Menschen zu Gier, Wollust, Arroganz und vielen anderen Übeln anstachele. Insbesondere die Anhänger der islamischen Sufismus betrachten das Ringen gegen dieses Nafs als den eigentlichen, »großen« Dschihad.

NAQSCHBANDI heißt eine in viele Ordenszweige aufgeteilte Tradition des islamischen Sufismus, die sich nach Bahad du-Din (1318–1389) aus dem heutigen Usbekistan benennt, aber bis auf den Propheten Muhammad selbst zurückführt. Es gibt viele und teilweise konkurrierende Zweige der Naqschbandi, von denen einige missionarisch sehr aktiv sind.

RAMADAN lautet der neunte Monat der islamischen Jahres, in dem nach islamischer Überlieferung dem Propheten Muhammad der Koran offenbart wurde. Gesunde Muslime sind nach der Pubertät gehalten, in diesem Monat zwischen Sonnenaufgang und Sonnenuntergang zu fasten, d.h. auf Essen, Trinken, Sex, Rauschmittel sowie böse Gedanken, Reden und Taten zu verzichten. Da Muhammad jedoch im Ramadan des Jahres 624 die Schlacht von Badr gewann, glauben leider viele Dschihadisten und Terroristen, dass Kriege und Attentate in dieser Zeit unter einem besonderen Segen stünden.

SALAFISMUS bezeichnet eine Ausprägung des sunnitischen Fundamentalismus, der von sich behauptet, nach dem Vorbild der Altvorderen zur Zeit des Propheten (arabisch: *salaf* = der Vorfahr, Vorgänger) zu leben. Obgleich es viele verschiedene Ausprägungen des Salafismus gibt, besteht eine große – und von Saudi-Arabien aktiv geförderte – Nähe zum Wahhabismus. Im Gegensatz zum salafistischen Selbstverständnis verändern sich die eigenen Lehren. Beispielsweise produzieren viele heutige Salafisten Fotos und Videos, während Salafisten noch vor einem Jahrhundert ein allgemeines Bilderverbot gefordert haben.

SCHAHID (von arabisch: *schahada* = Zeugnis, Zeuge) ist der Titel für einen Muslim, der für seinen Glauben starb, und entspricht etwa dem christlichen Märtyrer. Während sich das christliche Märtyrer-Verständnis jedoch zunehmend auf kirchlich-religiöse Akteure beschränkte, die selbst gewaltfrei waren, werden in der islamischen Welt auch (noch) zum Beispiel für Nationalstaaten gefallene Soldaten entsprechend geehrt. Ob auch Selbstmordattentäter als »Schahid« gelten können, wird in der islamischen Welt hitzig diskutiert.

SCHARIA bezeichnet wörtlich den »Weg zur Wasserstelle« und als solcher die Summe des islamischen Rechts. Während zum Beispiel Wahhabiten daraus auch ein staatliches Rechtssystem ableiten, ist es für andere Muslime einfach ein Begriff für den privaten Glaubensweg, wie er auch in einem säkularen Staatswesen gelebt werden könne. »Die Scharia« gibt es nicht, sie ist immer ein Ergebnis fortlaufender Auslegungsprozesse und verändert sich selbst in fundamentalistischen Bewegungen wie dem Salafismus.

SCHEICH ist ein arabischer Ehrentitel für einen (älteren) weisen oder mächtigen Mann, der auch im Islam Eingang fand; auch eine Kaste der Yeziden trägt diesen Namen. Während Scheich früher auch einen Stammesherrscher bezeichnen konnte, schränkt sich die Wortbedeutung immer mehr auf eine religiöse Autoritätsperson ein.

SCHIA lautet die Kurzform für die »Schiat Ali«, die frühislamische Partei, die in Ali ibn Talib den einzig wahren Nachfolger des Propheten

Muhammad erkannte. Nach den Sunniten bilden die Anhänger der Schia die zweitgrößte Konfessionsfamilie innerhalb des Islams.

SCHIITEN nennt man die Anhänger der Schia.

SCHUTZBEFOHLENE wurden in den islamischen Kalifaten als Dhimmis bezeichnet. Gemeint sind Nichtmuslime wie Christen und Juden, die durch spezielle Steuern zwar keine volle Gleichberechtigung, aber gewisse Schutzrechte erlangen konnten.

SEKTE (lateinisch: *secta* = Partei, Lehre) ist eine religiöse Abspaltung oder Neugründung. Historisch gesehen bildeten auch das frühe Christentum und der frühe Islam anfänglich »Sekten«, die von ihren Umgebungen angefeindet und verfolgt wurden.

SUFI-ORDEN sind Zusammenschlüsse von Muslimen, die sich an Traditionen des Sufismus orientieren. Die Bandbreite reicht dabei von Moscheevereinen wie dem VIKZ bis hin zu Derwisch-Orden islamischer Bettelasketen und Missionare.

SUFISMUS hat den Namen vom arabischen Wort *suf* (Wolle) bzw. von der einfachen wollenen Kleidung islamischer Mystiker und insbesondere Derwische. Sufis lehren, dass hinter den »äußerlichen« Wortbedeutungen des Korans immer auch tiefe verborgene, innerliche Lehren zu finden seien. Entsprechend bildeten sie – oft im Gegensatz zu den Ulama – eigene Lehren, Ordenstraditionen und Selbstorganisationen aus. In der öffentlichen Wahrnehmung gilt der Sufismus oft als der tolerantere, offenere und »bessere« Islam; es gibt jedoch auch intolerante und gewaltbereite Sufi-Traditionen.

»SÜLEYMANCILAR«-BEWEGUNG wird ein in der Türkei wurzelnder Sufi-Orden genannt, der sich auf den Religionsgelehrten Süleyman

Hilmi Tunahan (1888–1959) beruft. Obgleich die Bewegung ein durchaus konservatives Islamverständnis vertritt, stand sie in manchmal spannungsreicher Konkurrenz zum türkischen Religionsamt Diyanet und versucht, Konflikte mit dem türkischen Staat zu vermeiden.

SUNNA (arabisch: »Brauch, Norm«) bezeichnet die Überlieferungen zu den Worten und Taten des Propheten Muhammad sowie seiner engsten Gefährten. Obgleich es sehr viele verschiedene Versionen dieser Sunna gibt, verstehen sich die weltweit meisten Muslime als Sunniten, auch in Abgrenzung zur kleineren Konfession der Schiiten.

SUNNITEN heißen die Anhänger der Sunna, die sich wiederum in verschiedenste Rechtsschulen, Sufi-Orden und weitere Traditionen unterteilen. Sie bilden vor den Schiiten die größte Konfessionsfamilie innerhalb des Islams.

SUPERVERSCHWÖRUNG bezeichnet die Annahme einer weltweiten und Generationen übergreifenden Verschwörung, ohne dass die angenommenen Verschwörerkreise zerfallen und gegeneinander arbeiten würden. Superverschwörungen werden mithilfe von Verschwörungsmythen als so umgreifend und nahezu perfekt angenommen, dass ihre Durchführung übermenschliche Fähigkeiten voraussetzt und tatsächlich oft mit Teufeln, Dämonen oder Außerirdischen begründet wird.

SURE bezeichnet einen Abschnitt des Korans, der in 114 Suren untergliedert ist.

SYKES-PICOT-ABKOMMEN heißt die geheime Übereinkunft von 1916, mit der Frankreich und Großbritannien den Nahen und Mittleren Osten nach der Zerschlagung des Osmanischen Reiches untereinander aufteilten. Araber fühlen sich seitdem um ihre Unabhängigkeit betrogen, Türken sich um das Osmanische Reich, und die internationale

Verwaltung von Palästina gilt als Vorbereitung der Staatsgründung Israels. Mangels genauerer historischer Kenntnisse gilt das Sykes-Picot-Abkommen unter sehr vielen Muslimen als Ergebnis einer antimuslimischen Superverschwörung. Entsprechend warb der »Islamische Staat« (IS) nicht zuletzt damit, die Folgen dieses Abkommens aus der Geschichte zu tilgen.

Taliban (vom arabischen Wort *talib* = Schüler) ist der Name von islamistischen Milizen in Afghanistan, die in afghanischen und pakistanischen Koranschulen ausgebildet wurden. Faktisch bedeutet dies jedoch, dass sie zwar den Koran rezitieren, aber Arabisch weder lesen noch verstehen können und auch sonst kaum Fähigkeiten erworben haben, um ein ziviles Leben zu bestreiten. Entsprechend versuchen sich die verschiedenen, untereinander konkurrierenden Taliban-Milizen durch Schutzgelderpressung, Raub und teilweise auch Drogenhandel zu finanzieren. Afghanistan wirft Pakistan immer wieder vor, durch die gezielte Förderung von Taliban das Nachbarland destabilisieren zu wollen.

Tekke bezeichnete im Osmanischen Reich das Haus eines Sufi-Ordens. Mit dem Verbot der Orden in der Türkei und der Verstaatlichung des Islams durch die Diyanet erloschen auch die Tekke-Häuser oder wurden heimlich und informell in neuen Formen (etwa als »Lichthäuser« der Hizmet-Bewegung) neu aufgebaut.

Ulama (arabisch: »Wissender«) ist ein islamischer Schrift- und Rechtsgelehrter. Auf dem Höhepunkt ihrer Macht um etwa 1500 wirkten Ulama als Lehrer und Richter, als Verwalter und Forscher.

Umma bezeichnet die (imaginäre) Gemeinschaft aller Muslime.

Verband Islamischer Kulturzentren (VIKZ) ist der Name des Moscheeverbandes des Sufi-Ordens der sog. Süleymancilar aus der

Türkei, die vor allem durch Jugendarbeit auf Basis eines konservativen Islamverständnisses unter der Landbevölkerung und frühen Arbeiterschaft schnell wuchsen. Nach der DITIB gilt der VIKZ als der zweitgrößte Moscheeverband in Deutschland.

VERSCHWÖRUNGSGLAUBE ist der auf Verschwörungsmythen gründende Glaube daran, dass das Weltgeschehen durch eine fast allmächtige Superverschwörung bestimmt wird. Juden, Geheimbünde wie Freimaurer und Illuminaten, Satanisten, Kommunisten, Konzerne, der Vatikan, Wissenschaftler, Journalisten, Außerirdische, aber auch reiche »Eliten« und muslimische Bewegungen werden in nahezu beliebigen Kombinationen der Superverschwörung bezichtigt. Theologisch gesehen handelt es sich beim Verschwörungsglauben um einen Dualismus, der das vermeintlich absolute Gute der Eigengruppe mit der Übermacht der bösen Superverschwörer kontrastiert. Verschwörungsglaube geht häufig mit dem Ruf nach autoritären Regierungssystemen und mit Gewaltbereitschaft einher. Auch Selbstmordattentate können im Verschwörungsglauben als »Verteidigung« gerechtfertigt werden.

VERSCHWÖRUNGSMYTHOS ist eine Verschwörungsbehauptung, die sich nicht mehr überprüfen und damit auch nicht mehr widerlegen lässt – wie »Hexen verursachen Ernteausfälle«, »Juden kontrollieren die Medien« oder »Al-Qaida wurde vom CIA gesteuert«. Gegenargumente gegen solche Mythen werden als weitere Belege für die Perfektion der Superverschwörung gedeutet.

VERSCHWÖRUNGSTHEORIE bezeichnet eine Verschwörungserzählung, die beispielsweise durch journalistische oder polizeiliche Ermittlungen, Gerichtsverfahren oder Untersuchungsausschüsse noch überprüfbar ist. Leider wird der Begriff häufig auch für Verschwörungsmythen verwendet.

WAHHABISMUS wird die sunnitische Rechtsschule genannt, die sich auf den islamischen Rechtsgelehrten Muhammad ibn Abd al-Wahhab (1703–1792) beruft. Al-Wahhab lehrte eine extrem intolerante Lesart des Salafismus, die praktisch alle andersdenkenden Muslimen zu Apostaten erklärte und ihre Bekämpfung mit dem Schwert rechtfertigte. Im Bündnis mit dem Stamm der al-Saud zerstörten Wahhabiten sogar das Grabmal des Propheten Muhammad, um dessen Verehrung anstelle Gottes zu unterbinden. Für viele Muslime ist es schwer zu akzeptieren, dass die USA und Europa einerseits die Ausbreitung von islamischem Fundamentalismus beklagen, andererseits aber durch den Handel mit Erdöl ausgerechnet das wahhabitische Saudi-Arabien finanzieren, ausrüsten und sogar militärisch beschützen.

YEZIDEN sind Angehörige einer kleinen kurdischsprachigen Religionsgemeinschaft. Ihre Siedlungen in der Türkei sind bereits erloschen und jene in Syrien akut bedroht, auch im Norden des Irak wurden sie zuletzt Opfer von Vernichtungen und Vertreibungen durch den »Islamischen Staat« (IS). Von den etwa 800.000 noch lebenden Yezidinnen und Yeziden lebt inzwischen ein knappes Drittel in Europa, insbesondere in Deutschland, in den USA, Kanada, Armenien und Georgien.

ZENTRALRAT DER EX-MUSLIME nennt sich ein Zusammenschluss von Menschen aus muslimischen Familien in Deutschland, die sich selbst nicht mehr als Muslime verstehen. Sie werben für ihr Recht auf Austritt (Apostasie) und wollen auch andere Noch-Muslime dazu ermutigen, wenn sie es wünschen, mit der Religion ihrer Herkunft zu brechen.

ZENTRALRAT DER MUSLIME IN DEUTSCHLAND (ZMD) ist ein Moscheeverband, der zwar nicht sehr viele Moscheevereine vertritt, aber Moscheen arabischer, deutscher, bosnischer, türkischer und weiterer Nationalitäten umfasst. Daher wird er häufig als islamischer Dachverband betrachtet und von Politik oder Medien eingeladen.

Der Autor

Der Verlag meinte, dass die Leserinnen und Leser ein Anrecht darauf hätten, Hintergründe zum Autor zu erfahren. Also denn …

Mein Name ist Michael Blume; ich wurde 1976 in Filderstadt in Baden-Württemberg geboren. Meine Eltern hatten nach Fluchtversuch und Stasi-Haft meines Vaters aus der damaligen DDR ausreisen dürfen, so dass ich als »Wossi« unter lauter Schwaben aufwuchs. Meine Eltern waren keine Akademiker, aber sie vermittelten mir ein wissenschaftliches, nichtreligiöses Weltbild und ich genoss die großen Freiheiten der Bundesrepublik sehr. Im Angesicht der damals so genannten Politikverdrossenheit engagierte ich mich daher als Jugendlicher in der Jungen Union und als Jugendgemeinderat und baute Kontakte auf zu jungen Muslimen, die von der kirchlichen Jugendarbeit im Ortsteil Filderstadt-Sielmingen nicht erreicht wurden. So kam ich in den interreligiösen Dialog und gründete gemeinsam mit anderen die Christlich-Islamische Gesellschaft (CIG) Region Stuttgart e. V., der ich lange Jahre als Gründungs- und später Ehrenvorsitzender vorstand.

Nicht zuletzt die Fragen im Dialog sowie eine Sinnkrise hatten auch bei mir selbst zu einer religiösen Besinnung geführt und so wurde ich als junger Erwachsener evangelischer Christ. Dass der religiöse Glaube zur wissenschaftlichen Weltsicht »obendrauf« kam, trug womöglich viel dazu bei, dass ich nie einen Widerspruch zwischen empirischer Wissenschaft und religiöser Tradition verspürt habe. Stattdessen legte ich meine Forschungsschwerpunkte auf die Hirn- und später Evolutionsforschung zur Religiosität. Bei der Erwachsenentaufe war meine muslimisch-sunnitische Klassenkameradin und Verlobte Zehra anwesend; wir heirateten 1997. Nach Ende meines Wehrdienstes folgte ich ihr in eine Banklehre als Finanzassistent und wurde in Filderstadt zum damals jüngsten Gemeinderat gewählt.

Nach der abgeschlossenen Finanzausbildung konnte ich mit
einem Stipendium der Konrad-Adenauer-Stiftung ein Studium
an der Universität Tübingen anschließen. Doch das *Homo-
oeconomicus*-Menschenbild der damaligen Betriebs- und Volks-
wirtschaftslehre überzeugte mich weder menschlich noch theore-
tisch, so dass ich es nach Rücksprache mit meiner Frau wagte, zum
Studium der Religions- und Politikwissenschaften zu wechseln.
Damit wurde ich so glücklich, dass ich das Studium um ein Jahr
verkürzen konnte und 2003 pünktlich zur Geburt unserer Tochter
eine Teilzeitanstellung im Staatsministerium Baden-Württemberg
unter Erwin Teufel antreten durfte.

In der politischen und islamfeindlichen Hysterie nach 2001
wurde mir jedoch auch aufgrund meiner Ehe mit einer Muslimin
tatsächlich unterstellt, Teil einer islamischen Superverschwörung
zu sein. So wurde ich Opfer einer Intrige aus deutschen und tür-
kisch-kemalistischen Geheimdienstlern sowie rechtsgerichteten
Medien, die auf meine berufliche Entlassung zielten. Doch ich
überlebte; SPIEGEL ONLINE recherchierte die Vorgänge viele Jahre
später in einem bis heute verfügbaren Artikel. Mit Ausnahme eines
Stuttgarter Journalisten haben sich auch alle Beteiligten der damaligen Aktion inzwischen bei mir entschuldigt.

Nach der Geburt unseres zweiten Kindes legte ich mein Gemein-
deratsmandat schweren Herzens nieder und konzentrierte mich
stärker auf die Wissenschaft, in der man seine Zeiten freier eintei-
len kann. 2006 wurde ich mit einer Doktorarbeit über Religion und
Hirnforschung – die damals so genannte Neurotheologie – promo-
viert und nahm seitdem verschiedene Lehraufträge in Heidelberg,
Köln, Jena und aktuell beim Karlsruher Institut für Technologie
(KIT) wahr. Zudem veröffentlichte ich eine Reihe von Forschungs-
artikeln und Büchern, darunter gemeinsam mit dem Biologen
Rüdiger Vaas drei Ausgaben von »Gott, Gene und Gehirn«, sowie
eine eBook-Sachbuchreihe, für die meine Frau den sciebooks-Ver-

lag ins Leben gerufen hatte; aufgrund der regen Nachfrage wurden einige Titel auch als Taschenbuch herausgegeben. Ab 2007 bloggte ich bei den *scilogs* von »Spektrum der Wissenschaft«. Gern erinnere ich mich auch an die Einladung zur Amtseinführung des damaligen US-Präsidenten Barack Hussein Obama in die USA. 2009 erhielt ich von den anderen Wissenschaftsbloggerinnen und -bloggern den scilogs-Preis und 2011 den Vermittlungen-Preis der evangelischen Akademie Villigst. Unser zweiter Sohn und drittes Kind wurde 2012 geboren.

Wir haben jedes unserer Kinder in einer gemeinsamen Feier mit Familie und Freunden in beiden Religionen gesegnet und sie auch in beiden Religionen unterwiesen, ihnen jedoch die Wahl ihrer Religionszugehörigkeit überlassen. Unsere »Große« hat vor Kurzem ihre Taufe und Konfirmation in der evangelischen Kirche vollzogen.

Im Staatsministerium unter Günther Oettinger, Stefan Mappus und dann Winfried Kretschmann zum Stabsstellen- und Referatsleiter aufgestiegen, wurde mir 2014 die Organisation des Landes-Flüchtlingsgipfels übertragen, auf den das bislang härteste – aber vielleicht auch sinnvollste – Projekt meines Lebens folgte: Ich wurde Leiter des baden-württembergischen Sonderkontingents für besonders schutzbedürftige Frauen und Kinder; mein Team und ich konnten über 1.100 Frauen und Kinder nach Deutschland evakuieren, die durch den »Islamischen Staat« ihre Männer und Väter verloren sowie traumatisierende Gewalt erlitten hatten. Alles, was ich bis dahin gelernt hatte, konnte und musste ich in den Jahren 2015 und 2016 in den Kriegsgebieten des Irak und der Türkei einsetzen. Umgekehrt lernte ich über die Theorien und Beobachtungen des beschaulichen Mitteleuropas hinaus sehr viel über die tiefe Krise der islamischen Welt. Religionswissenschaftliches Wissen, praktische Beobachtungen sowie unzählige Gespräche im Nahen und Mittleren Osten sind in das Buch eingeflossen, das Ihnen vorliegt.

Der konstruktiv-kritische Dialog ist wohl mein Lebensthema und Sie finden mich auf meinem Blog »Natur des Glaubens« bei den scilogs, auf Facebook, Instagram und Twitter. Hin und wieder nehme ich auch Einladungen zu Vorträgen, Lesungen und Diskussionsveranstaltungen an, obwohl ich inzwischen versuche, mehr Zeit für meine Familie und meine schnell heranwachsenden Kinder freizuhalten. Zudem habe ich den Ruf der CDU in ihr Bundesnetzwerk Integration (BNI) angenommen.

Die Begeisterung für Religionswissenschaft und die Vielfalt der Religionen hat mich schon in jungen Jahren gepackt und nie wieder verlassen. Man kann schon ein ganzes Leben mit dem Studium nur einer religiösen Tradition verbringen und ist als Religionswissenschaftler ein Leben lang ein Lernender. Auch als Christ verspüre ich eine große Nähe zu Judentum und Islam – was freilich auch bedeutet, die Herausforderungen dieser »Schwesterreligionen« schonungslos zu sehen. Mit »Islam in der Krise« wollte ich daher die Frage beantworten, wie diese einst so hochstehende Zivilisation so erstarren und verfallen konnte – und was wir alle tun können, um dem Extremismus entgegenzutreten und wieder gute lebens-, bildungs- und friedensförderliche Werte zu stärken. Denn lebendige Religionen sind nicht starr – und es liegt immer an uns selbst, was wir aus ihnen machen. Diese Verantwortung und Freiheit ist uns Menschen gegeben, Gott sei Dank.

Dr. Michael Blume
www.blume-religionswissenschaft.de

Anmerkungen

1   Jb – JournalistenBüro Herne (2015): *Muslime in Düsseldorf fordern Reformen im Islam*. Der Westen online am 27.2.2015, abgerufen am 17.3.2017 unter: https://www.derwesten.de/staedte/duesseldorf/muslime-in-duesseldorf-fordern-reformen-im-islam-id10397267.html

2   12thMemoRise »DER ISLAM IST TOT«, abgerufen auf YouTube am 17.3.2017 unter: https://youtu.be/928yoXNXOrw

3   Röther, Christian (2017): *Wenn die Wahrheit Kopf steht. Die Islamfeindlichkeit von AfD, Pegida & Co*. Gütersloher Verlagshaus

4   fowid (2016): *Religionszugehörigkeiten in Deutschland 2015*. Abgerufen am 17.3.2017 unter: https://fowid.de/meldung/religionszugehoerigkeiten-deutschland-2015

5   ebd.

6   Zander, Helmut (2016): *Europäische Religionsgeschichte. Religiöse Zugehörigkeit durch Entscheidungskonsequenzen im interkulturellen Vergleich*. De Gruyter

7   Sächsische Landeszentrale für politische Bildung (2016): *Kirchen in Sachsen*. Abgerufen am 17.3.2017 unter: http://www.infoseiten.slpb.de/politik/sachsen/sachsen-allgemein/religion/

8   Blume, Michael (2015): *Die Wiederkehr der Einhörner. Eine pragmatische Analyse einer neureligiösen Glaubensgemeinschaft*. In: Raters, Marie-Luise (Hrsg.) (2015): *Warum Religion? Pragmatische und pragmatistische Überlegungen zur Funktion von Religion im Leben*. Karl Alber Verlag, S. 50–70 (auch online)

9   Blume, Michael (2014): *Vereint nur in der Negation. Schwächen und Stärken der atheistischen Aktivisten*. Herder Korrespondenz Spezial 1/2014, S. 26–30 (auch online)

10 Yücel, Denis (2015): *Der erste islamistische Mord in Berlin*. taz vom 21.1.2015, abgerufen am 27.3.2017 unter http://www.taz.de/!5023258/

11 Zitiert nach: Schreiber, Constantin (2017): *Inside Islam. Was in Deutschlands Moscheen gepredigt wird*. Econ, S. 134

12 Bertelsmann (2017): *Religionsmonitor-Studie. Fast die Hälfte der Muslime engagiert sich in der Flüchtlingshilfe*. Online abgerufen am 2.4.2017 unter https://www.bertelsmann-stiftung.de/de/themen/aktuelle-meldungen/2017/maerz/fast-die-haelfte-der-muslime-engagiert-sich-in-der-fluechtlingshilfe/

13 Zander (2016), S. 185

14 Zander (2016), S. 243

15 Bosse-Huber, Petra (2016): *Reformation und Islam. Ein Impuls-*

papier der Konferenz für Islamfragen der Evangelischen Kirche in Deutschland. EKD, S. 9–16

16 epd (2007): *Indianer sind verärgert über den Papst.* WELT online vom 15.5.2007, abgerufen am 18.3.2017 unter: https://www.welt.de/politik/article873781/Indianer-sind-veraergert-ueber-den-Papst.html

17 Zander (2016), S. 190

18 Blume, Michael (2012): *Die Amish. Ihre Geschichte, ihr Leben und ihr Erfolg.* sciebooks

19 Duke, Berry (2015): *Atheists ›terrorists‹ face death threats.* The Freethinker 16.4.2015, abgerufen am 17.3.2017 unter: http://freethinker.co.uk/2015/04/16/atheists-terrorists-face-death-threats/

20 Buchanan, Rose (2015): *Turkish atheist organisation launches petition calling for babies to no longer be automatically registered as Muslim.* The Independent 9.11.2015, abgerufen am 17.3.2017 unter: http://www.independent.co.uk/news/world/middle-east/turkish-atheist-organisation-launches-petition-calling-for-babies-to-no-longer-be-automatically-a6727866.html

21 Ahadi, Mina (2009): *Ich habe abgeschworen. Warum ich für die Freiheit und gegen den Islam kämpfe.* Heyne

22 Röther, Christian (2017): *Wenn die Wahrheit Kopf steht. Die Islamfeindlichkeit von AfD, Pegida & Co.* Gütersloher Verlagshaus, S. 132

23 Lohlker, Rüdiger (2016): *Theologie der Gewalt. Das Beispiel IS.* utb, S. 96–97

24 Lohlker (2016), S. 104–105

25 Lau, Jörg (2007): *Religionsfreiheit im Islam?* ZEIT-Blog 1.10.2007, abgerufen am 17.3.2017 am http://blog.zeit.de/joerglau/2007/10/01/religionsfreiheit-im-islam_795

26 Tkalec, Maritta (2013): *Islam – Freiheit von anderen Religionen. Eine Umfrage sorgt für Verwirrung.* Frankfurter Rundschau vom 7.5.2013, online abgerufen am 17.3.2017 unter: http://www.fr.de/politik/islam-freiheit-von-anderen-religionen-a-710325

27 Lugo, Luis (2013): *The World's Muslims. Religion, Politics and Society.* PewResearchCenter, S. 55

28 Pollack, Detlef et al. (2016): *Integration und Religion aus der Sicht von Türkeistämmigen in Deutschland.* Universität Münster, S. 5, abgerufen am 19.3.2017 unter: https://www.uni-muenster.de/imperia/md/content/religion_und_politik/aktuelles/2016/06_2016/studie_integration_und_religion_aus_sicht_t__rkeist__mmiger.pdf

29 Rohe, Matthias (2016): *Der Islam in Deutschland. Eine Bestandsaufnahme.* C. H. Beck, S. 89 und 93

30 Rohe (2016), S. 76
31 Hrishikesh, Joshi (2017): *Leaving Islam in North America.* National Review online vom 3.2.2017, abgerufen am 19.3.2017 unter: http://www.nationalreview.com/article/444556/muslim-apostates-north-america-face-leftist-scorn-muslim-death-threats
32 Murtaza, Muhammad Sameer (2016): *Die gescheiterte Reformation. Salafistisches Denken und die Erneuerung des Islam.* Herder, S. 163–164
33 Krüger, Karen (2016): *Eine Reise durch das islamische Deutschland.* Rowohlt, S. 99
34 Rieger, Martin & Mierbach, Ferdinand (2008): *Religionsmonitor 2008. Muslimische Religiosität in Deutschland.* Bertelsmann, S. 44
35 Rohe (2016), S. 94
36 Pollack et al. (2016), S. 12
37 Pollack et al. (2016), S. 16
38 faz.net (2017): *»Unislamisch« – Pakistanisches Gericht verbietet Feiern zum Valentinstag.* dpa-Bericht vom 13.2.2017, abrufbar unter: http://www.faz.net/aktuell/gesellschaft/menschen/pakistanisches-gericht-verbietet-feiern-zum-valentinstag-14875931.html
39 Lugo (2013), S. 102
40 Abdel-Samad, Hamed (2010): *Der Untergang der islamischen Welt. Eine Prognose.* Droemer Knaur, S. 17–18
41 Al-Wardi, Ali auf Reddit. Abgerufen am 17.3.2017: https://www.reddit.com/r/quotes/comments/2fqs5c/if_the_arabs_had_the_choice_between_two_states/
42 Topçu, Canan (2017): *Integration. Die anderen Deutschtürken.* ZEIT ONLINE 17.3.2017, abgerufen am gleichen Tag unter: http://www.zeit.de/gesellschaft/zeitgeschehen/2017-03/deutschtuerken-recep-tayyip-Erdoğan-gegner-anhaenger
43 Schimmel, Annemarie (2014): *Sufismus. Eine Einführung in die islamische Mystik.* C. H. Beck (5. Auflage)
44 Kizilhan, Jan Ilhan (2013): *Wer sind die Eziden? / Ezidi ki ne?* VWB-Verlag
45 Magnis-Suseno, Franz (2015): *Garuda im Aufwind. Das moderne Indonesien.* Dietz, S. 137–142
46 Rohe (2016), S. 151
47 Rohe (2016), S. 144–145
48 Rohe (2016), S. 145–146
49 Murtaza (2016), S. 162–163
50 Krüger, Karen (2016): *Eine Reise durch das islamische Deutschland.* Rowohlt, S. 246

51 TIME (2000): *The Most Influential People of the 20th Century.*
    TIME Magazine vom 19.1.2000, abgerufen am 19.3.2017 unter:
    https://web.archive.org/web/20000408225402/http://www.time.
    com/time/time100/time100poll.html

52 Blume, Michael (2013): *Freimaurer, Rosenkreuzer, Illuminaten –*
    Symbole, Geschichte, Einfluss & Wirkung. sciebooks

53 Harpprecht, Klaus (1982): *Über die Demokratie in Amerika. Alexis*
    de Tocqueville. DIE ZEIT vom 31.12.1982, online abgerufen am
    19.3.2017 unter: http://www.zeit.de/1983/01/ueber-die-demokra-
    tie-in-amerika/komplettansicht

54 Blume, Michael (2013): *Antoinette Brown Blackwell. Die erste Evo-*
    lutionsforscherin. sciebooks

55 Blume, Michael (2013): *Baptisten, Quäker, Unitarier. Wie progres-*
    sive Kirchen die USA und die Welt veränderten. sciebooks

56 Karakoyun, Ercan (2017): *Die Gülen-Bewegung. Was sie ist, was sie*
    will. Herder

57 Schmitz, Dominic Musa (2016): *Ich war ein Salafist. Meine Zeit in*
    der islamistischen Parallelwelt. Econ

58 Topçu (2017)

59 Rudaw.net (2016): *Hopes for Zoroastrianism revival in Kurdistan*
    as first temple opens its door. Rudaw-Bericht vom 21.9.2016, abruf-
    bar unter: http://www.rudaw.net/english/kurdistan/210920163

60 Araboui, Larbi (2016): *New Jersey Cleric Criticises »Passive-*
    ness« of Muslim Americans. Morocco World News (Online)
    12.1.2016, abgerufen am 11.3.2017: https://www.moroccoworld-
    news.com/2016/01/177248/new-jersey-cleric-criticizes-passive-
    ness-of-muslim-americans/

61 Assmann, Jan (1992): *Das kulturelle Gedächtnis: Schrift, Erinne-*
    rung und politische Identität in frühen Hochkulturen. C. H. Beck

62 Ströbele, Christian & Tatari, Muna (2017): *Kritik, Widerspruch,*
    Blasphemie. Anfragen an Christentum und Islam. Verlag Friedrich
    Pustet, S. 86

63 Ströbele & Tatari (2017), S. 74

64 Lewis, Bernhard (1997): *Stern, Kreuz und Halbmond. 2000 Jahre*
    Geschichte des Nahen Ostens. Piper

65 Burke, Peter (2002): *Papier und Marktgeschrei. Die Geburt der*
    Wissensgesellschaft. Wagenbach, S. 20

66 Acemoğlu, Daron & Robinson, James (2015): *Warum Nationen*
    scheitern. Die Ursprünge von Macht, Wohlstand und Armut. Fi-
    scher, 3. Auflage, S. 264

67 Lewis (1992), S. 21

68 Breuers, Dieter (2006): *In drei Teufels Namen. Die etwas andere Geschichte der Hexen und ihrer Verfolgung.* Anaconda

69 Götter, Karl-Heinz (2016): *Wittenberg und Luther. Das protestantische Rom.* In: National Geographic, Dezember 2016, S. 90–112

70 Blume, Michael (2012): *Die Amish.* sciebooks

71 Fitschen, Klaus (2013): *Pastors Kinder. Wie Pfarrhäuser die Gesellschaft prägen.* SCM Hänssler, S. 10–20

72 Fitschen (2013), S. 127

73 Burke (2002), S. 167–169

74 Acemoğlu & Robinson (2015), S. 265–266

75 Klingholz, Reiner & Lutz, Wolfgang (2016): *Wer überlebt? Bildung entscheidet über die Zukunft der Menschheit.* Campus, S. 122–124

76 UN (2012): *Arab Human Development Report 2002,* online abgerufen am 12.3.2017 unter: http://www.arab-hdr.org/contents/index.aspx?rid=1

77 Ceylan, Rauf (2010): *Die Prediger des Islam.* Herder, S. 186–188

78 Warren, Warren S. (2016): *Ahmed Hassan Zewail (1946–2016).* Nature 537, S. 168, online abgerufen am 23.3.2017 unter: http://www.nature.com/nature/journal/v537/n7619/full/537168a.html

79 Abbas, Nosheen (2014): *Pakistan's Nobel prize winner's gravestone defaced in Rabwah.* BBC.com vom 30.9.2014, abgerufen am 18.3.2017 unter: http://www.bbc.com/news/world-asia-29415121

80 Klingholz & Lutz (2016), S. 30

81 Klingholz & Lutz (2016), S. 130

82 Shlaim, Avi (2000): *The Iron Wall. Israel and the Arab World.* W. W. Norton & Company

83 Klingholz & Lutz (2016), S. 24–25

84 Karakoyun, Ercan (2017): *Die Gülen-Bewegung. Was sie ist, was sie will.* Herder

85 Klingholz & Lutz (2016), S. 138–139

86 Zitiert nach: Schreiber (2017): *Inside Islam. Was in Deutschlands Moscheen gepredigt wird.* Econ, S. 217–219

87 Vgl. Ceylan (2010), Schreiber (2017)

88 George, Wolfgang (2017): *Laudato Si'. Wissenschaftler antworten auf die Enzyklika von Papst Franziskus.* Psychosozial-Verlag

89 Sacks, Jonathan (2011): *The Great Partnership. God, Science and the Search for Meaning.* Hodder & Stoughton

90 Zander, Helmut (2016): *Europäische Religionsgeschichte. Religiöse Zugehörigkeit durch Entscheidungskonsequenzen im interkulturellen Vergleich.* De Gruyter, S. 506–507

91   Brettfeld, Katrin & Wetzels, Peter (2007): *Muslime in Deutschland.* Bundesministerium des Inneren, S. 245–246

92   Haeckel, Ernst (1899/2009): *Die Welträtsel.* Nikol, S. 363

93   Haeckel (1899/2009), S. 404

94   Blume, Michael (2013): *Baptisten, Quäker, Unitarier. Wie progressive Kirchen die USA und die Welt veränderten.* sciebooks

95   Achtner, Wolfgang (2013): *Die mystische Anthropologie Meister Eckharts. Interdisziplinäre und interreligiöse Perspektiven.* sciebooks

96   Vaas, Rüdiger & Blume, Michael (2012): *Gott, Gene und Gehirn. Warum Glaube nützt. Die Evolution der Religiosität.* Hirzel, S. 200–203

97   Murtaza (2016), S. 152–153

98   Murtaza (2016), S. 151

99   Mansour, Ahmed (2015): *Generation Allah. Warum wir im Kampf gegen religiösen Extremismus umdenken müssen.* S. Fischer Verlag

100 Kermani, Navid (2011): *Gott ist schön. Das ästhetische Erleben des Koran.* C. H. Beck

101 Khorchide, Mouhanad & Kasper, Walter (2017): *Gottes Erster Name. Ein islamisch-christliches Gespräch über Barmherzigkeit.* Patmos

102 Murtaza (2016), S. 113

103 Murtaza (2016), S. 146

104 Böhn, Andreas & Seidler, Andreas (2014): *Mediengeschichte.* Narr Verlag, S. 195

105 El Difraoui, Asiem (2011): *Die Rolle der neuen Medien im Arabischen Frühling.* Bundeszentrale für politische Bildung, Dossier, abgerufen am 1.4.2017 unter: http://www.bpb.de/internationales/afrika/arabischer-fruehling/52420/die-rolle-der-neuen-medien?p=all

106 Searcey, Dionne & Essomba, Francois (2017): *African Nations Increasingly Silence Internet to Stem Protests.* New York Times vom 10.2.2017, auch online abgerufen am 1.4.2017 unter https://www.nytimes.com/2017/02/10/world/africa/african-nations-increasingly-silence-internet-to-stem-protests.html?_r=0

107 Murtaza (2016), S. 27–28

108 Lohlker, Rüdiger (2016): *Theologie der Gewalt. Das Beispiel IS.* utb, S. 185

109 Blume, Michael (2015): *Öl- und Glaubenskriege. Wie das schwarze Gold Politik, Wirtschaft und Religionen vergiftet.* sciebooks, S. 22–23

110   Reuter, Christoph (2015): *Die schwarze Macht: Der »Islamische Staat« und die Strategen des Terrors.* DVA

111   Munif, Abdalrachman (2003): *Salzstädte.* Diederichs

112   Trofimov, Yaroslav (2007): *The Siege of Mecca: The Forgotten Uprising in Islam's Holiest Shrine and the Birth of al-Qaeda.* Doubleday

113   Schmitz, Dominic Musa (2016): *Ich war ein Salafist. Meine Zeit in der islamistischen Parallelwelt.* Econ

114   Haidar, Ensaf & Hoffmann, Andrea (2016): *Freiheit für Raif Badawi, die Liebe meines Lebens.* Bastei Lübbe

115   Sorkin, Andrew R. (2017): *A Pledge to Trump Has Saudi Backing.* New York Times Supplement der Süddeutschen Zeitung vom 24.3.2017

116   Acemoğlu, Daron & Robinson, James (2015): *Warum Nationen scheitern. Die Ursprünge von Macht, Wohlstand und Armut.* Fischer, 3. Auflage

117   Blume (2015), S. 12

118   Ginsburg, Hans Jakob (2015): *IEA warnt: Billiges Öl ist kein sicheres Öl.* Wirtschaftswoche 11. November 2015, online abgerufen am 13.3.2017 unter: http://www.wiwo.de/politik/konjunktur/iea-warnt-billiges-oel-ist-kein-sicheres-oel/12571088.html

119   Morris, Craig & Jungjohann, Arne (2016): *Energy Democracy. Germany's Energiewende to Renewables.* Palgrave

120   Klovert, Heike (2016): *Schwuler Imam. »Der Prophet hat Homosexuelle beschützt.«* Interview bei SPIEGEL ONLINE vom 3.5.2016, abgerufen am 13.3.2017 unter: http://www.spiegel.de/lebenundlernen/schule/islam-und-homosexualitaet-schwuler-imam-coacht-muslime-a-1090412.html

121   Tibi, Bassam (1994): *Die Verschwörung. Das Trauma arabischer Politik.* dtv, S. 1 & 26–27

122   Tibi (1994), S. 27

123   Tibi (1994), S. 12

124   ebd.

125   Koci, Christian & Meyer, Christian & Neumann, Nils (2016): *Selbstwirksamkeit und Verschwörungstheorien.* ResearchGate Januar 2016, abgerufen am 21.3.2017 unter: https://www.researchgate.net/publication/291697948_Selbstwirksamkeit_und_Verschworungstheorien_Wahrgenommene_politische_Selbstwirksamkeit_ist_zweidimensional_und_ein_schwacher_Pradiktor_fur_den_Glauben_an_Verschworungstheorien

126   Burke, Peter (2002): *Papier und Marktgeschrei. Die Geburt der Wissensgesellschaft.* Wagenbach

127 Gottschall, Jonathan (2013): *The Storytelling Animal: How Stories Make Us Human*. Mariner Books

128 McCauley, Robert (2013): *Why Religion is Natural and Science is Not*. Oxford University Press

129 Blume, Michael (2016): *Verschwörungsglauben. Der Reiz dunkler Mythen für Psyche und Medien*. sciebooks

130 Pew (2011): *Muslim-Western Tensions Persist*. Pew-Institute vom 21.7.2011, abgerufen am 22.3.2017 unter: http://www.pewglobal. org/2011/07/21/muslim-western-tensions-persist/

131 Hürriyet (2016): *Metin Kaplan tahliye edildi*. Hürriyet online am 16.11.2016, abgerufen am 23.3.2017 unter: http://www.hurriyet.com. tr/metin-kaplana-hastalik-tahliyesi-40279222

132 Pollack, Detlef et al. (2016): *Integration und Religion aus der Sicht von Türkeistämmigen in Deutschland*. Universität Münster, S. 4

133 Erzeren, Ömer (2016): *Türkei. Hat Erdoğan sein Diplom gefälscht?* SPIEGEL ONLINE vom 17.6.2016, abgerufen am 22.3.2017 unter http://www.spiegel.de/lebenundlernen/uni/recep-tayyip-Erdoğan-hat-er-sein-diplom-gefaelscht-a-1098259.html

134 Klingholz, Reiner & Lutz, Wolfgang (2016): *Wer überlebt? Bildung entscheidet über die Zukunft der Menschheit*. Campus, S. 22–24

135 Klingholz, & Lutz (2016), S. 24–27

136 Klingholz & Lutz (2016), S. 19–36 (Kapitel: »Der Kampf der Bildungskulturen«)

137 Blume, Michael (2013): *Die Haredim. Geschichte und Erfolg des ultraorthodoxen Judentums*. sciebooks

138 Abdel-Samad, Hamed (2010): *Der Untergang der islamischen Welt. Eine Prognose*. Droemer Knaur, S. 36–43

139 Bosse-Huber (2016), S. 13–14

140 Öffentliche Facebook-Diskussion vom 13./14.3.2017, archiviert

141 Schreiber (2017), S. 198–205

142 Tibi (1993), S. 22

143 Jaddaliyah (2014): *Anis Sayigh. A Profile from the Archives*. Vom 3.8.2014, abgerufen am 22.3.2017 unter: http://www.jadaliyya.com/ pages/index/18769/anis-sayigh_a-profile-from-the-archives

144 Blume, Michael (2013): *Evolution und Gottesfrage. Charles Darwin als Theologe*. Herder, S. 84–86

145 Kuschel, Karl-Josef (2011): *Im Ringen um den wahren Ring. Lessings »Nathan der Weise« – eine Herausforderung an die Religionen*. Patmos

146 Benecke, Lydia (2013): *Auf dünnem Eis. Die Psychologie des Bösen*. Bastei Lübbe

147   Sacks, Jonathan (2015): *Not in God's Name. Confronting Religious Violence.* Hodder & Stoughton

148   Ephron, Daniel (2015): *Killing a King. The Assassination of Yitzhak Rabin and the Remaking of Israel.* W. W. Norton, S. 59–92

149   Burger, Reiner (2016): *IS-Kämpfer vor Gericht.* Frankfurter Allgemeine Sonntagszeitung vom 31.1.2016, S. 6

150   Zitiert nach: Kizilhan, Jan Ilhan & Cavelius, Alexandra (2016): *Die Psychologie des IS.* Europa Verlag, S. 58–77

151   Krastev, Ivan (2017): *Rise of the Paranoid Citizen.* New York Times Supplement zur Süddeutschen Zeitung vom 24.3.2017, S. 2

152   Matussek, Carmen (2012): *Der Glaube an eine »jüdische Weltver-schwörung«. Die Rezeption der »Protokolle der Weisen von Zion« in der arabischen Welt.* Lit-Verlag

153   Steinvorth, Daniel (2008): *Interview mit Harun Yahya: Alle Terroristen sind Darwinisten.* SPIEGEL ONLINE 22.9.2008, abgerufen am 26.3.2017 unter http://www.spiegel.de/wissenschaft/mensch/interview-mit-harun-yahya-alle-terroristen-sind-darwinisten-a-578838.html

154   Hermann, Rainer (2016): *Ägyptischer Moderator: Der Islam ist voll menschenverachtender Lehren.* Frankfurter Allgemeine Zeitung online (faz.net), abgerufen am 24.3.2017 unter http://www.faz.net/aktuell/politik/ausland/naher-osten/amr-adeeb-sieht-ur-sprung-der-bruesseler-anschlaege-im-islam-14150057.html

155   DIE ZEIT (2015): *16 Menschen sterben bei Schießerei in Kalifornien.* ZEIT ONLINE 5.12.2015, online abgerufen am 24.3.2017 unter http://www.zeit.de/gesellschaft/2015-12/massenschiesserei-kalifornien-tote-san-bernadino

156   .play (2016): *Ägyptischer Fernsehmoderator Omar Adib redet Klartext über den Islam.* YouTube, abgerufen am 24.3.2017 unter https://www.youtube.com/watch?v=VyHGkFBFiMo

157   Vgl. Houellebecq, Michel (2016): *Unterwerfung.* DuMont, 3. Auflage, S. 270–271

158   Vgl. Houellebecq (2016), S. 61

159   Leick, Roman (2015): *Unterwerfung. Ich weiß nichts. Interview mit Michel Houellebecq.* SPIEGEL 10/2015, online am 24.3.2017 abgerufen unter http://www.spiegel.de/spiegel/print/d-132040413.html

160   Sarrazin, Thilo (2010): *Deutschland schafft sich ab. Wie wir unser Land aufs Spiel setzen.* DVA, S. 362–363

161   Vgl. Janmohamed, Shelina (2011): *Küss mich, Kismet. Wie ich muslimisch korrekt die große Liebe fand.* Bastei Lübbe, S. 42

162   Vgl. Janmohamed (2011), S. 91

163 Graupner, Michael (2015): *888 Kinder. Am Wochenende hatte er frei.* Frankfurter Allgemeine Zeitung vom 20.9.2015, online abgerufen am 25.3.2017 unter http://www.faz.net/aktuell/gesellschaft/menschen/arbeit-ueber-sultan-mit-888-kindernl-ig-nobelpreis-fuer-karl-grammer-13812551.html

164 VICE (2013): *Mormon Lost Boys – Lorin's Story.* Vice.com, abgerufen am 25.3.2017 unter https://www.vice.com/en_us/article/mormon-lost-boys-lorins-story

165 Akerma, Karim (2000): *Verebben der Menschheit? Neganthropie und Anthropodizee.* Karl Alber Verlag

166 Blume, Michael (2014): *Religion und Demografie. Warum es ohne Glauben an Kindern mangelt.* sciebooks

167 Courbage, Youssef & Todd, Emmanuel (2008): *Die unaufhaltsame Revolution. Wie die Werte der Moderne die islamische Welt verändern.* Piper 2008

168 Eingebunden im Blogpost auf »Natur des Glaubens«: http://scilogs.spektrum.de/natur-des-glaubens/hans-rosling-ber-religion-und-babys-richtig-verstehen/

169 Blume, Michael (2009): *The Reproductive Benefits of Religious Affiliation.* In: Voland, Eckart (2009): *The Biological Evolution of Religious Mind and Behavior.* Springer Science, S. 117–126, auch online abrufbar unter http://www.blume-religionswissenschaft.de/pdf/ReproductiveReligiosityBlume2009.pdf

170 Bott, Gerhard (2009): *Die Erfindung der Götter. Essays zur politischen Theologie.* Books on Demand

171 Jütte, Roland (2003): *Lust ohne Last. Die Geschichte der Empfängnisverhütung.* C. H. Beck

172 Topçu, Canan (2008): *Gutes Zeugnis. Internate unter der Lupe.* Frankfurter Rundschau 12.7.2010, abgerufen am 27.3.2017 unter http://www.fr.de/wissen/gutes-zeugnis-internate-unter-der-lupe-a-1015889

173 LDS (1995): *Die Familie. Eine Proklamation für die Welt.* Online abgerufen am 1.4.2017 unter https://www.lds.org/topics/family-proclamation?lang=deu&cp=deu-de&old=true

174 Blume, Michael (2012): *Die Mormonen. Der amerikanische Prophet Joseph Smith und seine Kirche.* sciebooks

175 Blume, Michael (2017): *Familie, Religion und Marktwirtschaft.* Friedrich August von Hayek-Gesellschaft, auch online

176 Goldman, David (2011): *How Civilisations die. And why Islam is dying, too.* Regnery Publishing

177 Kaufmann, Eric (2011): *Shall the Religious Inherit the Earth?: Demography and Politics in the Twenty-First Century.* Profile Books

178 Hackett, Conrad (2015): The Future of World Religions: *Population Growth Projections, 2010–2050. Why Muslims Are Rising Fastest and the Unaffiliated Are Shrinking as a Share of the World's Population.* Pew Research Center, online abgerufen am 1.4.2017 unter http://www.pewforum.org/files/2015/03/PF_15.04.02_Projections-FullReport.pdf

179 Dirie, Waris & Milborn, Corinna (2005): *Schmerzenskinder.* Ullstein

180 Ströbele, Christian & Tatari, Muna (2017): *Kritik, Widerspruch, Blasphemie. Anfragen an Christentum und Islam.* Friedrich Pustet, S. 168–171

181 *The Great Partnership,* Hodder & Stoughton 2011, S. 249

182 Bedürftig, Friedemann (2009): *Weltreligionen. 100 Bilder. 100 Fakten.* Naumann & Göbel, S. 118

183 Schreiber (2017)

184 Interkulturelles Forum (2009): *Handbuch Leipziger Religionen.* Selbstverlag

185 Blume, Michael (2014): *Religion und Demografie. Warum es ohne Glauben an Kindern mangelt.* sciebooks

Textnachweis

Autor und Verlag danken für freundlicherweise eingeräumte Abdruck-
lizenzen:

Aus: Constantin Schreiber: Inside Islam. Was in Deutschlands Moscheen
gepredigt wird, Berlin 2017 (Econ Verlag) © Ullstein Buchverlage GmbH
S. 134: in diesem Buch S. 16/17 (Anm. 11)
S. 217–219: in diesem Buch S. 65 (Anm. 86)

Aus: Muhammad Sameer Murtaza: Die gescheiterte Reformation. Sala-
fistisches Denken und die Erneuerung des Islam, Freiburg 2016 © Verlag
Herder GmbH
S. 151: in diesem Buch S. 71 (Anm. 98)
S. 152–153: in diesem Buch S. 71 (Anm. 97)
S. 162–163: in diesem Buch S. 39 (Anm. 49)
S. 163–164: in diesem Buch S. 27/28 (Anm. 32)

Aus: Karen Krüger: Eine Reise durch das islamische Deutschland, Reinbek
2016 © Rowohlt Verlag GmbH
S. 99: in diesem Buch S. 28/29 (Anm. 33)

Aus: Hamed Abdel-Samad: Der Untergang der islamischen Welt. Eine Prognose, München 2010 © Verlagsgruppe Droemer Knaur GmbH & Co KG
S. 17–18: in diesem Buch S. 32/33 (Anm. 40)

Aus: Bassam Tibi: Die Verschwörung. Das Trauma arabischer Politik,
Hamburg 1994 © Hoffmann & Campe Verlag GmbH
S. 1 & 26–27: in diesem Buch S. 94/95 (Anm. 121)
S. 12: in diesem Buch S. 95/96 (Anm. 123)

Aus: Jan Ilhan Kizilhan und Alexandra Cavelius: Die Psychologie des IS –
Die Logik der Massenmörder, München 2016 © Europa Verlag GmbH &
Co KG
Auszüge S. 58–77; in diesem Buch S. 116 (Anm. 150)